Chris Vick
Allein auf dem Meer

Für eine sehr mutige Lady, meine Mum

CHRIS VICK

ALLEIN AUF DEM MEER

Roman

Aus dem Englischen von
Wieland Freund und Andrea Wandel

BELTZ
& Gelberg

Dieses Buch ist erhältlich als:
978-3-407-75642-8 Print
978-3-407-75643-5 E-Book

© 2022 Beltz & Gelberg
in der Verlagsgruppe Beltz · Weinheim Basel
Werderstraße 10, 69469 Weinheim
Alle deutschsprachigen Rechte vorbehalten
Die Originalausgabe erschien 2019 unter dem Titel
Girl. Boy. Sea bei Zephyr, an imprint of Head of Zeus
Copyright © 2019 Chris Vick
Aus dem Englischen von Wieland Freund und Andrea Wandel
Einband: Motiv der Originalausgabe / Zephyr
Herstellung und Satz: Elisabeth Werner
Druck und Bindung: Beltz Grafische Betriebe, Bad Langensalza
Beltz Grafische Betriebe ist ein klimaneutrales Unternehmen
(ID 15985-2104-100)
Printed in Germany
2 3 4 5 6 7   25 24 23 22

Weitere Informationen zu unseren Autor_innen und Titeln finden Sie unter:
www.beltz.de

DIE PANDORA

1

Wir befanden uns zwölf Seemeilen nördlich der Kanarischen Inseln. Die Sonne stand hoch am Himmel und der Wind blähte die Segel.

Ich liebte es. Von der Gischt durchnässt, von der Sonne verbrannt, brüllte ich im Rausch der Geschwindigkeit über die Dünung hinweg.

Unsere Crew bestand aus sieben Leuten, alles Jungen zwischen vierzehn und sechzehn, dazu unser Erster Offizier Dan, der ein bisschen älter war als wir, und unser Kapitän Jake Wilson. Er war dünn, stark wie ein Seil, er hatte das Boot im Griff und brachte uns für den Segelwettbewerb in Form.

Es war gut. Wir arbeiteten zusammen und lernten zu tun, was zu tun war. Ich kam mir nicht länger wie der seekranke Anfänger vor, der ein paar Tage vorher aus dem Flugzeug gestiegen war. Ich hatte sogar Freunde gefunden, Sam und Pete.

Ich hatte das Ruder übernommen und sollte die *Pandora* auf Kurs halten, solange Wilko einen Funkruf entgegennahm. Sein Kopf lugte aus der Kabine. Er machte den Mund auf, als wolle er etwas sagen, holte aber bloß tief Luft und schluckte.

»Alles okay?«, sagte ich.

»Sturmböen im Norden. Wir machen uns auf den Heimweg. Wir müssen das Beiboot einholen.«

Wie eine Gruppe Erdmännchen guckte die ganze Crew plötzlich zu uns herüber. Die Sonne brannte vom Himmel. Wo Norden war, konnte ich nicht sagen, aber nirgends war auch nur eine einzige Wolke zu sehen. Der Wind blies kräftig, aber nicht stürmisch.

»Sicher?«, fragte ich.

»Ja! Hab's gerade über Funk gehört. Der Wind wird auch drehen. Lass uns einfach das Beiboot raufschaffen, ja?«

Das Beiboot war das Ruderboot, mit dem wir an Land setzten. Normalerweise zogen wir es hinter uns her. Ich war Anfänger, aber selbst mir war klar, dass es keinen Grund gab, es einzuholen. Es sei denn, Wilko hatte vor, mit der *Pandora* Tempo zu machen. Ich stellte keine Fragen und tat einfach, was ich sollte. Wir alle machten das so. Dan übernahm das Ruder und drei von uns halfen Wilko mit dem Boot. Dann holten wir die Segel ein und zogen eine Sturmfock auf. In der Zeit flaute der stete Südwestwind, der uns den ganzen Morgen über angetrieben hatte, ab, und aus Norden kam frischer Wind auf. Als das Segel gesetzt war, vollführte die *Pandora* eine weite, bogenförmige Wendung. Der Wind blähte die Segel, und die Jacht raste los wie ein Tier, das man von der Leine gelassen hatte. Wir ritten auf roher Gewalt.

Jemand rief: »Guckt mal!« Der Horizont hinter uns verschwamm zu einer dünnen nachtschwarzen Linie. Vor einer Minute war da noch gar nichts gewesen und jetzt das. Noch weit entfernt, aber es kroch auf uns zu.

»Was jetzt?«, fragte ich.

»Tja, Bill, für den Anfang kannst du schon mal deine Rettungsweste anlegen«, sagte Dan.

Ich hatte sie ausgezogen, als ich das T-Shirt gewechselt hatte, und nicht wieder angelegt. Mir war noch nicht einmal aufgefallen, dass ich sie nicht mehr trug. Ich stürzte in die Kabine, schnappte mir die Weste und kehrte an Deck zurück.

Der Spaß war vorbei. Die Angst lag mir jetzt wie ein kalter Stein im Magen. Ich starrte auf die Rettungsweste, aber meine zitternden Hände wollten nicht wie ich. Ich war immer noch dabei, die Weste anzulegen, als uns eine Welle traf. Ich stolperte und stürzte, ließ die Rettungsweste fallen, ließ sie, vor lauter Dummheit und Ungeschick, einfach los. Ich sah, wie sie davonschlidderte, über das Deck rutschte und ins Wasser fiel.

2

Der Wind begann zu wüten. Die Wellen türmten sich und brachen, als tobte der Sturm schon seit Tagen und nicht erst seit Minuten auf dem Meer. Wilko behielt Dan und zwei andere Jungs – die besten – bei sich und schickte den Rest von uns in die Kabine, aber ich blieb auf Deck. Ich musste zusehen, musste sehen, was geschah.

Die *Pandora* schaffte es zunächst. Das Segel spannte und bauschte sich, trieb uns vorwärts. Doch jedes Mal, wenn ich mich umsah, schien der Sturm näher gekommen zu sein. Wolken jagten über den Himmel. Und der Wind drehte wieder und wieder, rüttelte und schüttelte die Jacht.

Wilko rutschte aus und ließ das Ruder los, das sich wie wild drehte. Wir legten uns auf die Seite, die *Pandora* neigte sich ins Meer. Eine Woge überspülte die Reling und durchnässte mich. Mühsam kam ich wieder in die Höhe, von der schieren Wucht der Welle wie betäubt. Ich rang nach Luft. Der Schreck hatte mir den Atem verschlagen.

Der metallene Himmel war jetzt über uns, vor uns war das Licht. Es war ein Rennen zum Licht, aber wir verloren. Der Sturm hüllte uns ein wie ein Umhang.

Vor uns türmte sich das Wasser, ein Berg, der wogte, immer größer wurde und zu einem Monster anschwoll.

Wilko stand wieder am Ruder und steuerte hart, geradewegs auf den Wellenkamm zu. Wir jagten in ein Wellental und wurden seitwärts gerissen, als zöge eine riesige Hand an uns.

Dann sah ich, im Wasser, einen Schatten. Eine Sekunde lang. Etwas Großes, ganz nah.

Wir kippten über den nächsten Kamm und stürzten, den Bug im Wasser, talwärts. Das Meer fraß die *Pandora* auf. Der Himmel prasselte auf uns herab. Ein Himmel aus Wasser. Wir wurden überspült, ein Schlag ließ das ganze Boot erbeben. Ich klammerte mich fest, von den Wassermassen wie erschlagen.

Wir tauchten wieder auf, schnappten nach Luft, suchten das Meer nach dem nächsten Brecher ab. Aber der, der uns erwischt hatte, war der übelste gewesen.

»Gott sei Dank«, keuchte ich.

Wilko wendete die *Pandora* und bellte Befehle. Er biss sich auf die Zähne, stur sah er nach vorn.

»Das war eine Warnung«, sagte er. »Da kommt noch mehr.«

3

Ich wartete darauf, dass die *Pandora* sich fing, uns davontrug und über den Sturm triumphierte. Doch sie schleppte sich nur so dahin. Ich dachte an den Schatten. Was war das gewesen? Ein Felsen? Ein Wal?

In der Luke tauchte Dans panisches Gesicht auf.

»Wasser!«, rief er.

Ich lief hin, um nachzusehen. Drei der Jungs saßen auf dem Tisch und sahen ungläubig zu, wie das Wasser bis zu ihren Knöcheln, dann bis zu ihren Beinen stieg. Sie zogen die Beine an. *Denk nach, denk nach*, sagte ich mir. »Keine Panik, das kommt von der Welle.«

Aber stimmte das? Das Wasser schwappte wild umher. Es war unmöglich zu sagen, woher es kam.

»Nimm das Ruder!«, hörte ich Wilko Dan zurufen. Er kletterte in die Kabine.

Die Zeit raste. Raste so schnell wie der Wind.

Wilko, der panisch an der Pumpe fummelte, um sie in Gang zu bringen.

Wilko, der gegen sie trat, als das misslang.

Wilko, der sich den Funk schnappte und »Mayday« brüllte und unsere Koordinaten, wieder und wieder und wieder.

Der Funk, der knisterte und pfiff. »Wir hören euch, *Pandora*, könnt ihr ...«

Und die Stimme, die in einem Sturm aus Schreien und Bersten unterging.

Das strudelnde Boot.

Wilko, der die Handpumpe für zehn Sekunden zum Laufen brachte, bevor ihm klar wurde: Das Boot lief tatsächlich in rasender Geschwindigkeit voll.

Die Jungs auf dem Tisch, die dem steigenden Wasser entkommen wollten. Pete, der schrie: »Was passiert hier?«

»Das Beiboot«, sagte ich.

»Nein, es gibt ein Rettungsfloß«, sagte Wilko. »Ein aufblasbares, im Laderaum. Das Ruderboot wäre nutzlos.«

Er zerrte das Floß heraus. Wir halfen, das Ding an Deck zu ziehen und packten es, wie ein großes, orangefarbenes Zelt, aus seiner Tasche.

Wilko zog an einem Griff. Das Floß blies sich binnen Sekunden auf. Es war ein Dingi, ein stabiler Ring aus einem luftgefüllten Schlauch mit einem Vordach und einem Zelteingang mit Reißverschluss. Daran befestigt war eine lange Leine, die Wilko an der Reling vertäute.

»Helft mir«, sagte er.

Zusammen hoben wir das Floß in die Höhe und schleuderten es aufs Wasser hinaus. Ich stand ganz am Ende von diesem wirren Haufen verängstigter, durchnässter Jungs. Wilko kletterte über die Reling und runter auf die Leiter.

»Du kannst nicht als Erster gehen!«, rief jemand. Aber das tat er auch nicht. Wilko blieb stehen, klammerte sich mit einer Hand an die Leiter, mit der anderen hielt er die Leine und zog das Floß zu sich heran.

»Einer nach dem anderen. Klettert runter, um mich herum.«

Der Wind drosch in die flatternden Segel. Die *Pandora* schlingerte. Die Welt war schaukelkrank.

Wir beeilten uns und drängelten. Pete quetschte sich an

Wilko vorbei, hielt sich an der Leine fest, tauchte kopfüber durch den Zelteingang und verschwand in Sicherheit.

Der Nächste. Die gleiche Prozedur.

»Beeilt euch!«, schrie jemand und versuchte, sich an den anderen vorbeizudrängen.

Das Floß hob und senkte sich. In der einen Sekunde stand Wilko das Wasser bis zur Hüfte, in der nächsten war es wieder weg.

Wir wollten alle der Nächste sein, aber nicht verzweifelt wirken. Ich versuchte, nicht in Panik zu geraten; zwang mich, mich nicht vorzudrängen.

»Bleibt in der Reihe«, sagte Dan. Aber es klang lachhaft.

»Was ist mit Vorräten?«, fragte Sam.

»Rein mit dir!«, brüllte Wilko.

Sam gehorchte. Wir alle gehorchten. Aber was Sam da gesagt hatte, machte Sinn. Niemand wusste, wo wir waren. Nicht genau. Womöglich würden wir Tage auf dem Wasser treiben. Es waren noch drei andere vor mir, bevor ich an der Reihe war.

Die *Pandora* lief voll. Ich musste also schnell sein. Ich raste zurück zur Kabine, schnappte mir eine Reisetasche und leerte sie aus. Die Schranktür schwang auf. Ich nahm so viele Dosen und Flaschen, wie ich tragen konnte.

Die Zeit dehnte sich. Ich kletterte über das sich neigende Deck zurück zum Heck. Sie waren alle auf dem Floß. Nicht mal Dan hatte gewartet. Da war nur noch Wilko, der immer noch die Leine hielt und mich zur Eile antrieb. Ich wollte ihm die Tasche geben, aber das war gefährlich. Um sie zu fassen zu kriegen, musste er entweder die Leine oder die Leiter loslassen. Er entschied sich für die Leine, nahm die Tasche und schwang sie den ausgestreckten Armen entgegen. Doch zwischen ihm und dem Floß war zu viel Platz. Er schwang die Tasche noch einmal, schwankte und stürzte ins Wasser.

Wilko verschwand, tauchte auf, verschwand, tauchte auf, fest im Griff der Wellen.

Das Floß trieb davon, bis sich die Leine straffte. Ein Abgrund aus aufgewühltem Wasser lag zwischen mir und dem Floß.

Irgendwie erreichte Wilko die Leine und hangelte sich an ihr entlang, bis er das Floß erreicht hatte und die anderen ihn hochzogen.

Sie zogen mit aller Gewalt an der Leine, um wieder näher an die *Pandora* heranzukommen, aber die See hielt das Floß auf Abstand, die Leine zum Zerreißen gespannt.

Ich wagte mich vor, nahm all meinen Mut zusammen, war bereit, nach der Leine zu greifen und meinen Körper ins Wasser fallen zu lassen. Ich holte tief Luft und –

Die Leine riss. Ein Peitschenschlag.

Das Floß schoss davon, eine Wand aus Wellen und Gischt verschluckte es.

Das Letzte, was ich sah, waren ihre entsetzten Gesichter. Das Letzte, was ich hörte, waren ihre Schreie, die der Wind erstickte.

4

Ich erstarrte. Schon halb vom Boot, hing ich lange Sekunden einfach an der Leiter. Fassungslos.

Aber ich konnte nicht abwarten oder überlegen. Ich kletterte zurück an Bord und rannte zur Kabine. Sie lief schnell mit Wasser voll. Ich kämpfte gegen die Panik, gegen die Angst, dass ich es nicht mehr rausschaffen und in der Kabine sterben würde, und zwang mich, hinunterzuspringen. Ich watete durch das Wasser. Ich war zu langsam. Das Wasser war zäh wie in einem bösen Traum. Ich schnappte mir eine Plastiktüte und füllte sie wie im Rausch. Dosen, Wasserflaschen, Notizbuch und Stift. Meine Hände griffen, ohne nachzudenken. Ich muss auch das Messer gefunden haben, auch wenn ich mich daran nicht mehr erinnere.

Ich schleuderte die Tüte in das Beiboot, ließ es mit der Winde hinab, kletterte hinein und durchtrennte das Seil, bevor die sinkende Jacht es mit sich in die Tiefe reißen konnte.

Wie das Floß wurde das Boot gepackt und davongetragen, weg von der *Pandora* und ins Chaos hinein. Ich hielt mich in der Bootsmitte, kauerte auf dem Boden und klammerte mich an die Bordkante. Ich fuhr so weit, so schnell, dass ich die *Pandora* nicht mal mehr sinken sah.

Ich schrie: »Wilko! Dan! Sam, Pete!«

Ich wurde hochgeschleudert und stürzte in Wellentäler. Es regnete in Strömen. Der Wind tobte. Nirgends gab es Licht, ich war verloren.

Ich versuchte, in der Bootsmitte zu bleiben, musste mich aber hierhin oder dorthin flüchten, wenn eine Welle das Boot zur Seite neigte. Mehr als einmal glaubte ich zu kentern.

Als der Sturm einen Augenblick nachließ, entdeckte ich den Stauraum am Heck und stopfte die Tüte und die Flaschen hinein.

Ich legte die Ruder auf den Schiffsboden und setzte mich darauf, damit sie nicht über Bord gingen.

Und ich klammerte mich ans Boot.

Graues Meer und Regen, Regen und graues Meer. Die brutale Achterbahnfahrt auf den Wellen.

Der Sturm toste und kreischte. Endlos wütend.

Ich nahm meine Kappe zum Wasserschöpfen. Jedes Mal, wenn ich etwas vorangekommen war, wurde ich wieder von einer Woge getroffen, oder der Bug tauchte in eine Welle und das Wasser lief hinein.

Ich musste versuchen, das Boot aufrecht zu halten. Es reichte nicht, mein Gewicht auf die eine oder andere Seite zu verlagern. Also versuchte ich, das Boot mithilfe der Ruder zu stabilisieren. Aber binnen Sekunden wurde mir eines weggerissen. Es verschwand in der Dunkelheit.

Die nächste Welle hämmerte gegen das Boot.

Ich schöpfte und schöpfte. Meine Muskeln stöhnten. Und der Wind schrie:

Du hältst nicht durch. Ich kenne kein Ende.

Wieder und wieder und wieder.

Jede Welle konnte die letzte sein. Die, die mich erwischte. Die, die das Boot volllaufen ließ und mich ins Meer schleuderte.

Nach Stunden hatte ich mich halbwegs damit abgefunden, dafür wurde ich vom Wasserschöpfen und Festhalten müder und müder. Ich hatte mich halbwegs damit abgefunden. Ich raste den nächsten Wellenkamm hinauf und wieder hinab ins Wellental und schrie: »Zur Hölle mit dir!«

Kein Ende.

»Noch hast du mich nicht!«

Die nächste Welle – *jede* Welle –, die mich nicht erwischte, war ein Sieg.

Kein Ende.

»Ich werde leben. Hörst du mich? Ich werde leben!«

Ich versuchte, tapfer zu wirken, während mein Magen sich umdrehte vor Angst. Ich weiß, wie verrückt das war, ich war ja allein. Aber ich musste wenigstens so tun, als wäre ich tapfer, es wenigstens so aussehen lassen vor mir.

Stunden vergingen. Ich konnte die Wellen nicht sehen. Ich konnte das Ende des Boots nicht sehen.

Ich schöpfte und schöpfte.

Aber ich wurde langsamer.

Muskeln wurden totes Gewicht.

Es gewann. Ich war dabei zu verlieren.

Ich kämpfte nicht mehr gegen den Sturm. Ich kämpfte gegen meinen eigenen Körper. Seine Schwäche, seine Winzigkeit.

Ich hasste mich. Und heulte fast.

»Hör auf zu flennen. Hör auf!«

Ich dachte, ich würde sterben.

Dann wurde es anders. Es ließ mich leben. So fühlte es sich jedenfalls an. Was immer es war, das da mit mir gespielt hatte.

Und das Monster kam zur Ruhe. Ich schöpfte, bis nur noch ein bisschen Wasser im Rumpf stand, wappnete mich für den nächsten Sturm aus dem Dunkel. Aber dieser Sturm kam nie.

Ich weiß noch, wie ich in die Nacht hinaus starrte, meine Kappe in der Hand, und sich alles in meinem Kopf drehte.

Ich weiß nicht mehr, wie ich die Kappe verloren habe. Oder das Bewusstsein.

DAS MEER

1

Ich wachte auf.
Es hatte tiefe Dunkelheit geherrscht, jetzt blendete das Licht.
Die Welt war in Aufruhr gewesen, jetzt war sie still.

Die Sonne ging auf. Zunächst wollte ich ihre Hitze, um mich zu trocknen, zu wärmen. Doch als die Sonne höher stieg, wurde es unangenehm, bald quälend. Um Schatten zu haben, versteckte ich mich unter meiner Windjacke und lernte in den nächsten Minuten und Stunden, die Sonne zu hassen. Herrscherin über diese neue Welt.

So ging es drei Tage. Da war flaches, glasiges Blau, im Norden, Süden, Osten und Westen. Keine Vögel, kein Fisch, der aus dem Wasser sprang, kein Wind oder Seegang, keine Wolken.

Ich dachte und dachte und schrieb in mein Notizbuch:

Dies ist kein Ort. Dies ist Nirgendwo.
Ich bin allein, in einem Ruderboot, auf dem Atlantik.
Ich bin 15. Ob ich noch 16 werde, weiß ich nicht.

Die *Pandora*, Wilko, Sam, Pete, Dan und der Rest der Crew. Sie waren nur noch Erinnerungen. Mum, Dad, England, Fernseher, Sportschuhe, Bäume, Schmetterlinge. All das war nicht mehr Wirklichkeit.

Die Sonne, die Hitze. Das war wirklich.

In der einen Minute war ich voller Angst, in der nächsten hundertprozentig sicher, dass ich bald gerettet würde. Grundlos wechselte ich von dem einen in den anderen Zustand über.

Ich sprang auf, schrie und winkte um Hilfe.

Ich hockte da, die Arme um die Knie geschlungen, mich wiegend.

Ich wurde wütend. Ich sagte mir, was für ein Idiot ich doch gewesen sei, es nicht auf das Rettungsfloß zu schaffen. Dann sagte ich mir, was für ein Idiot ich doch gewesen war, überhaupt erst an dieser sogenannten Challenge teilzunehmen. Dann würde ich wütend auf Wilko. Dann wurde ich wütend auf Dad.

»Das wird dir guttun«, hatte er gesagt. »Immer hast du die Nase in einem wissenschaftlichen Buch, das ist jetzt mal was anderes.« Am Flughafen hatte er gesagt: »Letzten Sommer, als wir mit dem Dingi über den See geschippert sind. Das hat dir doch gefallen, oder? Tja, das ist eine völlig andere Welt.« Und er hatte genickt und gelächelt, als würde er ein Geheimnis kennen und ich wäre kurz davor, es zu entdecken.

»Und, ist das hier dein Geheimnis?«, schrie ich.

Wenn ich nicht mit meinem einen Ruder paddelte, hielt ich Ausschau und horchte auf ein Boot oder ein Flugzeug.

Im Stauraum fand ich eine Schnur und einen Haken. Ich versuchte zu angeln, mit Thunfischstückchen und gebackenen Bohnen als Köder. Aber der »Köder« wurde im Wasser zu Brei.

Ich hielt wieder Ausschau nach Flugzeugen. Aber da war nichts. Und das blieb auch so, Stunde für Stunde, Tag für Tag.

Seegang wird von 0 bis 9 gemessen. Eins sind kleine Wellen, 12 ist die Mutter aller Stürme.

Das hier war 0.

Im Sturm hatten der Himmel und das Meer versucht, mich zu töten. Jetzt dachte ich: *Sie versuchen es immer noch, bloß langsamer.* Ich hatte dieses Bild in meinem Kopf: das Boot, wie es an Land trieb. Ein Skelett in zerlumpten Shorts und einem zerfetzten T-Shirt mit einer dämlichen Comic-Ente drauf. Vögel hatten sich mein Fleisch gepickt, die Sonne hatte meine Knochen gebleicht. Erst können sie mein Skelett nicht identifizieren, dann finden sie in der Tüte, die meine Fingerknochen umklammern, das Notizbuch.

Ich versuchte, nicht daran zu denken. Aber ich konnte nicht anders. Es gab nichts, das mich hätte ablenken können. Da waren bloß das Meer und ich, dazu ein paar Konserven, drei Plastikflaschen (zwei davon leer, eine jetzt nur noch halb voll), ein Notizbuch und ein Stift, ein Messer.

Ich machte Notizen. Ich hoffte, dass ich sie eines Tages wieder lesen würde. Aber ich wusste, dass es vielleicht nicht so kommen würde. Würde irgendjemand das lesen? Irgendein Fremder, der das Buch Mum und Dad geben würde, damit sie wussten, was passiert war?

Ich versuchte zu schreiben:

Liebe Mum, lieber Dad,
wenn ihr das hier lest

Ich konnte nicht weiterschreiben. Ich war nicht so weit. Noch nicht.

Am dritten Tag sah ich einen Punkt am Horizont. Einen verschwommenen schwarzen Stern, mal in Sicht und dann wieder nicht. Die Sonne knallte dermaßen aufs Wasser ein, dass der Horizont flirrte. Ich musste die Augen zusammenkneifen, damit ich den Punkt überhaupt sah. Ich konnte nicht mal sagen, ob es ihn wirklich gab oder ob mein Verstand mir einen Streich spielte.

Ich paddelte darauf zu mit meinem verbliebenen Ruder.

Was hätte ich auch sonst tun sollen?

Je näher ich kam, desto mehr wurde der »Punkt« zum »Fleck«.

Die Sonne war eine glühende Herdplatte, voll aufgedreht. Wenn ich die Hand himmelwärts streckte, würde ich mir die Finger verbrennen. Es war anstrengend, in der Hitze zu paddeln, aber wenn ich wartete, bis die Sonne unterging – und es viel kühler wurde –, würde ich ihn nicht vor Einbruch der Nacht erreichen. Trotzdem hielt ich alle zehn Minuten inne, kauerte mich unter meine Windjacke und nippte am Wasser. Für einen Augenblick befeuchtete es meinen Mund. Und das, was mal meine Lippen gewesen waren. Sie waren zu Blasen geworden.

2

Das Ding war dunkel und rundlich. Treibgut. Vielleicht ein Fass oder eine Öltonne, die im Wasser tanzte. Und es war etwas darauf. Ein verheddertes Seil oder Netz.

Ich kam näher. Es *war* eine Plastiktonne. Das Ding darauf war in Fetzen gewickelt.

Und zwei spindeldürre Beine ragten heraus.

Mein Herz hämmerte. »Hallo?«, brüllte ich. »Hey!« Meine Stimme klang komisch in der Stille.

Ich paddelte näher heran. Es dämmerte jetzt.

»Ey!«, rief ich. Ich fand eine Euromünze in meinen Shorts und warf sie. Sie prallte von den Fetzen ab und ploppte ins Wasser.

Eine Weile blieb ich einfach hocken, ich wusste, dass ich zu der Tonne musste, zu den Fetzen, den Beinen. Aber ich war noch nicht so weit. Ich hatte noch nie eine Leiche gesehen.

3

Näher dran, erkannte ich ein Nest aus schwarzem Haar, das am einen Ende aus den Fetzen ragte, und staubige Füße am anderen. Dürre Beine. Knochen, in Haut gewickelt.

Ich zitterte. Ich wollte hinsehen. Ich wollte *nicht* hinsehen.

Ich paddelte bis zur Tonne und stupste einen Fuß mit dem Ruder an.

»Hey!«, sagte ich. Dann dachte ich: *Da ist niemand mehr. Du bist tot.*

Ich griff nach einem Stoffzipfel und zog die Tonne näher heran. Der Fetzen war eine Decke oder ein Umhang. Ich hob den Stoff mit bebenden Fingern an. Darunter war ein Mädchen. Mein Alter ungefähr. Langes, schmales Gesicht, geschlossene Augen, dunkle Haut. Es sah nicht aus, als würde sie noch atmen.

Sie war tot. Aber ich musste sichergehen, musste es *wissen*. Ich streckte die Arme aus, nur so weit, dass das Boot nicht kippelte, schob meine Hände unter ihre Achseln. Ich schloss die Augen und wandte mich ab. Sie roch übel. Ich zerrte an ihr. Sie war dürr, trotzdem schwer. Ein totes Gewicht. Das Boot schaukelte, als ich sie zu mir zog, anhob, sie keuchend und schnaufend über die Bordkante zerrte. Wie ein großer, gerade gefangener Fisch plumpste sie ins Boot.

Ihre Augen waren geschlossen, aber ihre Lippen öffneten sich, ganz langsam, als ob sie zugeklebt wären.

Ihre Lippen schlossen sich, öffneten sich wieder. Auch ihre

Augen gingen auf. Braun und weiß und verdreht. Ohne etwas zu erkennen. Sie stieß einen krächzenden Seufzer aus.

»Hallo«, sagte ich. Ich hockte da wie ein Idiot, bevor mir klar wurde, was ich zu tun hatte. Ich griff nach dem Wasser und träufelte ihr etwas davon in den Mund.

»*Aman*«, keuchte sie.

Ich gab ihr mehr Wasser. Es tat mir weh, weil es alles war, was ich noch hatte. Dann tat es mir weh, dass es mir wehtat, und ich gab ihr noch ein bisschen mehr. Ein kleines bisschen.

Dann sah sie mich.

»*Aman*«, krächzte sie und zeigte aufs Meer.

»Was?« Wenn dort ein Boot oder irgendwas gewesen wäre, hätte ich es gesehen.

»Ist das *Aman*?«, sagte ich. Die Tonne, auf der sie getrieben war, tanzte ein oder zwei Meter entfernt auf dem Wasser.

Ich paddelte hin. Am oberen Ende befand sich ein Griff, an dem ein kurzes Seil angebracht war. Ich befestigte es an dem Haken am Bug.

Ich gab ihr mehr Wasser. Ihre Hand langte nach der Flasche. Ich zog sie weg, zeigte ihr, wie wenig noch übrig war, und zuckte mit den Schultern.

»Wir müssen es aufsparen«, sagte ich und dachte: *Ich muss es aufsparen.* Wenn sie es in die Finger bekäme, stellte ich mir vor, würde sie es in einem Zug austrinken. Alles. Ich dachte an die Lebensmittel im Stauraum und wie lange wir hier draußen würden aushalten müssen. Ich war froh, sie gefunden zu haben, und gleichzeitig aber auch nicht. In Sorge.

»*Aman*«, krächzte sie mit einer Stimme wie Staub.

Ich holte eine Dose Pfirsiche aus dem Stauraum. Ich musste mich dazu überwinden, zu teilen. Ich machte sie auf und gab ihr etwas von dem Saft zu trinken. Ich holte ein Stück heraus und versuchte, sie zu füttern. Sie hob die Hand und nahm es mir weg.

Sie hatte Mühe, ihren Mund zu treffen. Sie war völlig daneben. *Viertellebendig, achtellebendig.* Ihre Lider schlossen sich. Ein halb gegessenes Stück Pfirsich rutschte ihr aus den Fingern und blieb an ihrer Wange kleben.

Ich stupste sie am Arm. Sie rührte sich nicht. Ich packte sie an den Schultern und schüttelte sie. »Wach auf!«, sagte ich. Und flüsterte: »Bitte.«

Ich hob ihren Kopf an und bettete ihn auf meine Windjacke. Sie öffnete die Augen und starrte in den Himmel.

»Bist du okay?«, sagte ich. »Was heißt *Aman?* Sprichst du Englisch?«

Ihre Augenlider flatterten und schlossen sich. Ihr Atem wurde ruhiger.

Ich betrachtete sie, während sie schlief. Ich aß den Rest der Pfirsiche. Alle.

Die Sterne kamen raus. Winzige Flecken. Fadenscheinig rund um den Mond, kräftig vor dem tiefen Blau, füllten sie den Himmel langsam mit einem milchigen Licht.

Das war groß und still, schön und schrecklich.

Alles war jetzt anders.

Ich versicherte mich, dass sie schlief, und pinkelte aus dem Boot. Es war bloß ein Tröpfeln. Eigentlich war es gar kein richtiger Urin. Und wenn, dann war er braun. Ich fragte mich, wie ich so was jetzt regeln sollte, mit dem Mädchen im Boot.

Ich legte mich hin, ihre Füße an meinem Kopf und meine

Füße an ihrem. Nur dass sie mitten im Boot lag, ihren Umhang über sich, und ich mich an die Seite quetschen musste. Ohne meine Windjacke, denn die lag unter ihrem Kopf.

Ich lag wach da und mit jeder Minute wurde es kälter und unbequemer. Ich war immer noch froh, *erstaunt*, dass ich sie gefunden hatte, dass ich nicht mehr allein war. Aber ein Teil von mir hatte schlechte Laune. Weil ich nicht schlafen konnte und sie mir den ganzen Platz wegnahm.

Es gab noch eine größere Sorge, die mich quälte. Essen und Wasser waren knapp. Und ab jetzt musste ich teilen. Die Zeit, in der ich ohne Rettung überleben konnte, wurde umso kürzer.

Ich wollte das nicht denken. Aber es war Fakt.

Das Boot wirkte jetzt kleiner. Himmel und Meer größer.

Ich versuchte mich auszuruhen, konnte aber vor lauter Grübeln nicht einschlafen.

Ich schrieb in mein Notizbuch:

Ich muss jetzt teilen. Aber:
Selbst wenn sie am Ende bloß zwei Skelette finden statt
eins, ist das etwas in diesem großen Garnichts.

4

Ich fiel in einen unruhigen Schlaf. Doch dann kam ein sanfter Wind auf und dieses Geräusch begann. *Schwapp – schwapp.* Ich begriff – es kam aus dem Inneren der Tonne.

Und es fiel mir wie Schuppen von den Augen. *Ballast!* Tonnen halten ein Floß oder Boot über Wasser, aber um im Gleichgewicht zu bleiben, waren sie teilweise gefüllt.

Die *Pandora* war meine erste richtige Jacht gewesen, also hatte ich vor meiner Reise auf die Kanaren ein paar Bücher über Boote und Segeln gelesen.

Ich lehnte mich hinüber, zog die Tonne heran und wuchtete sie ins Boot. Sie war mindestens zu einem Fünftel gefüllt.

»Wasser!«

Das Mädchen rührte sich und setzte sich hin, sie zeigte auf die Tonne.

»*Aman*«, sagte es.

»Wasser?« Der Deckel war fest zugeschraubt. Ich holte das Messer aus dem Stauraum und stach auf das oberste Drittel der Tonne ein. Ich sägte mit aller Kraft, einmal rundum.

Das Innere roch nach verdorbenem Fisch. Ich nahm die leere Pfirsichdose, schöpfte und nippte. Es schmeckte bitter, aber es war Wasser. Ich füllte eine leere Flasche auf.

Das Mädchen streckte die Hand aus.

»*Aman?*«, sagte ich.

»*Aman.*« Sie nickte. »Was–ser.«

Wir sprachen jeder ein Wort in der Sprache des anderen.

»Wie heißt du?«, fragte ich. Aber nachdem sie getrunken hatte, legte sie sich gleich wieder hin und war in Sekunden eingeschlafen.

Ich erwachte in der Morgendämmerung, schweißnass und fröstelnd. Eine Faust umklammerte meine Gedärme. Ich setzte mich auf. Meine Hände konnte ich nicht spüren, nur sehen, wie sie sich an die Bordkante krallten. Nadelstiche marterten meinen Kopf. Der Schweiß lief mir in Strömen hinunter.

Ich beugte mich über das Boot und kotzte, dann würgte ich noch minutenlang vergebens, bis ich, mir den Bauch haltend, wieder zusammensank.

Das Mädchen breitete ihren Umhang über mich, hob meinen Kopf an und legte ihn sanft auf die Windjacke. Sie nahm die Flasche mit dem letzten sauberen Wasser und gab mir schluckweise zu trinken.

Es ging runter wie flüssiges Kristall.

Das Wasser machte mir wieder einen klaren Kopf. Klar genug, um zu überlegen und in mein Notizbuch zu schreiben:

Das Mädchen ist daran gewöhnt, dass Wasser nicht aus einer Flasche oder aus einem Hahn kommt. Und ich bin es nicht.
Wenn wir nicht gerettet werden oder es in den nächsten 72 Stunden nicht regnet, werde ich sterben.
Das ist Fakt.

Ich las, was ich geschrieben hatte.

Dann hielt ich den Stift wie ein Messer und kritzelte so lange über den letzten Satz, »Das ist Fakt«, bis ich ihn nicht mehr lesen konnte. So fest, dass der Stift das Papier zerriss.

Das Mädchen hob und senkte die Hand, als wollte es mich beruhigen.

Ich suchte den Horizont ab.

Nichts. Wieder nichts. Nur das Purpur im Westen am Ende der Nacht. Pink – ins Bläuliche wechselnd – im Osten. Der nächste glühend heiße Tag für uns.

Das Mädchen setzte sich auf. Sie fand die leere Pfirsichdose, hockte bloß da, die Dose in der Hand, und starrte mich an.

»Was willst du ... oh, richtig.« Ich wandte mich ab. Ich hörte sie pinkeln, sich dann über das Boot beugen, den Urin ausleeren und die Dose ausspülen, die sie behielt.

Ich legte mich hin. Gleich neben meinem Kopf lag die Plastikflasche. Darin ein winziger Rest, den mir das Mädchen nicht eingeträufelt hatte. Etwas zum Aufbewahren.

Mit zitternder Hand überprüfte ich, ob der Deckel auch fest zugeschraubt war, damit kein Wasser verdunstete.

Ich musterte die Flasche. Ich wünschte mir, sie wäre voll.

Am Flaschenhals sammelte sich Kondenswasser und rann dann wieder hinab, zurück zum winzigen Vorrat am Flaschenboden.

Ich hatte eine Idee.

Hinten im Boot befand sich, in zwei Teile gesägt, die Tonne. Ich robbte langsam bis dahin.

Das Mädchen machte mir Zeichen, mich hinzulegen. Ich schüttelte den Kopf. Ich nahm den oberen Teil der Tonne, den ich abgetrennt hatte. Ich streckte den Arm aus und schöpfte ein paar Zentimeter Meerwasser. Dann klemmte ich den oberen Teil der Tonne am Ende des Boots fest. Ich nahm die Dose und platzierte sie in der Mitte. Ich deckte die Öffnung mit meiner Windjacke zu und stopfte sie unter die Tonne, sodass die stramm gezogene Jacke wie ein Deckel schloss. Danach schnappte ich mir das Messer und legte es oben in die Mitte, sodass die Nylon-Abdeckung genau über der Dose einsank.

Das Mädchen sah fasziniert zu.

Ich legte mich hin, hielt meinen Bauch fest. Und wartete.

Eine Stunde? Länger? Lange genug, dass die Sonne aufging. Aber anstatt es zu hassen, wollte ich es. Je heißer, desto besser: damit Kondenswasser entstand, sich unter dem Messer auf der Windjacke ansammelte.

Der erste Tropfen kam langsam.

Plip.

Dann der nächste.

Plip.

Es brauchte Zeit. Aber die hatten wir. Endlos viel davon. Dann fielen die Tropfen wie Regen, den wir gemacht hatten.

Als der Boden der Dose bedeckt war, nahm ich die Vorrichtung wieder auseinander. Ich nahm die Dose und probierte. Wasser, das nach Pfirsich schmeckte und nach Blech. Aber sauber und klar.

Ich musste mich zusammenreißen, um nicht vor Glück zu heulen. Ich wusste jetzt, ich würde nicht sterben. Zumindest nicht vor Durst.

Ich bot ihr an, was übrig war.

»Wasser. *Aman*«, sagte ich. Sie legte ihre Hände aneinander und zeigte damit auf mich, gab mir zu verstehen, dass ich trinken musste. Ich tat es. Ich war verzweifelt.

Dann baute ich das Ding wieder zusammen.

Wir tranken Wasser, sobald wir es gemacht hatten. Aber das dauerte.

Ich deutete auf die Tonne und das Wasser darin und dann auf sie, bot ihr an, es zu trinken, wenn sie wollte. Aber sie schüttelte den Kopf. Sie wollte auch das gute Wasser. Also teilten wir.

5

Die Stunden kamen und gingen. Wir versteckten uns vor der Sonne im Schatten, ich unter meiner Jacke, sie unter ihrem Umhang. Ich schrieb:

Wer ist sie? Woher kommt sie? Wie hat sie überlebt?
Sie sieht abgemagert aus. Ein zerlumpter Sack Knochen mit
schimmernden Zähnen und wirrem Haar. Aber wie anders
soll man aussehen, wenn man sich drei Tage an eine Tonne
geklammert hat?

Dann fragte ich mich, wie ich wohl gerade aussah. Ob mein Haar wohl ausgebleicht war, mein Gesicht tomatenrot verbrannt?

Ich öffnete eine Dose Milchreis und reichte sie ihr, dabei zeigte ich mit dem Finger auf die Mitte, um ihr zu bedeuten, dass sie nur die Hälfte essen sollte. Sie schaufelte sich den Milchreis in den Mund.

»He, langsam!«

Sie tat, als hätte sie verstanden.

»Verstehst du ein einziges Wort Englisch?«, fragte ich. Sie leckte die Pampe von ihren Fingern.

»Auf was für einem Boot warst du, im Sturm?«

Sie musterte mich, ihr Gesicht halb abgewandt, so wie es manche Leute machen, wenn sie gut zuhören.

Ich nahm ihr die Dose ab und spähte hinein. Hatte sie mehr

als die Hälfte gegessen? Nächstes Mal, nahm ich mir vor, würde ich zuerst essen.

Ich versuchte es mit Pantomime. Versuchte, ein sinkendes Boot darzustellen, um herauszufinden, was mit ihrem Boot geschehen war. Sie wich zurück. Bestimmt kam ich ein bisschen irre rüber mit meinen Gesten und den vielen Fragen, die ich abfeuerte.

Schnaufend lehnte ich mich zurück. »Also«, sagte ich, »ich rede so viel, weil du vielleicht der letzte Mensch bist, mit dem ich je reden werde. Und ... ach, ich weiß nicht. Du kannst mich ja eh nicht verstehen.«

Ihr Mund verzog sich. Sie wandte sich ab.

»Oder verstehst du mich etwa?«

Sie lächelte. Kaum merklich. Aber sie lächelte, wirklich.

»Ja, oder? Oder etwa nicht?«

»Ein wenig. *Oui. Un peu. Tu parles français?*[1]«

Ich lachte laut auf, weil es so verrückt war.

»Nein, nein. Eigentlich nicht. Ein bisschen, aus der Schule. Du sprichst *Französisch*! Und *Aman*, ist das Arabisch?«

»Ich kenne ein paar französische Wörter. Bisschen Englisch. *Bisschen.*«

Sie hob die Hand und verschränkte die Finger.

»*Mais je ne suis pas Arabe* ... äh, ich bin nicht Araber, *je suis Berbère*«, sagte sie mit ihrer weichen Stimme. »*Je m'appelle Aya.*[2]«

»Ich bin Bill. Dein Name ist Aya?«

»Ja. Ich bin *Berbère*. Amazigh-Leute. Mein Name ist Aya.«

---

[1] *Ja. Ein bisschen. Sprichst du Französisch?*
[2] *Aber ich bin keine Araberin ... Ich bin Berberin ... Ich heiße Aya.*

6

Je m'appelle Aya ist ein Rätsel!
Komme ich ihr so fremd vor wie sie mir?
Sie sagt nicht viel. Manchmal scheint ihr Englisch ziemlich
gut zu sein, und dann glaube ich, dass sie vielleicht nur so
tut, als würde sie mich nicht verstehen, weil sie mir
irgendwas nicht verraten will. Wer weiß. Ich glaube, wenn
wir hier noch viel länger aufeinanderhocken, werde ich es
schon noch herausfinden.
Falls.
Wie lange können wir so überleben? Darüber zu reden,
traue ich mich nicht.
Sollte es Wochen dauern, wird das Essen für zwei nicht
reichen, dann wäre ich alleine besser dran.
Aber das stimmt nicht (!). Weil sie die Tonne hatte. Und die
ist der Aman / Wasser-Macher. Und Wasser ist Leben.
Und müsste ich zwischen Wasser und Essen und Alleinsein
wählen, zwischen Vorräte teilen und nicht allein sein, dann,
glaube ich, würde ich mich fürs Zusammensein entscheiden.
Denn drei Tage allein – wirklich allein – sind eine lange
Zeit gewesen.

Wir begannen, uns häufiger auszutauschen, auch wenn das etwas Arbeit war. Sie sprach ein bisschen Englisch, und wenn sie ein englisches Wort nicht kannte, sagte sie es auf Französisch. Ich konnte ein paar Worte Französisch und wünschte, es wären mehr, aber ich hatte ein paar Jahre kein

Französisch mehr gehabt, und selbst davor hatte ich mich mehr auf Fächer konzentriert, in denen ich gut war, so wie Mathe oder Physik, statt mich mit Französisch herumzuschlagen. Sie wedelte mit den Händen und machte Pantomime, und wenn ich nicht verstand, war sie genervt, wie dumm ich mich anstellte, und zeichnete in mein Notizbuch. Es war eine seltsame Mischung. Bildrätsel, Scharaden und Sprachunterricht in einem. Es ging nur langsam, aber es ging.

»Wohin bist ... warst du unterwegs?«, fragte ich.

Sie hielt inne, dachte nach.

»Gran Canaria. Europa.«

»Wo ist deine Familie?«

»Tot. Kein Bruder, keine Schwester, nur Eltern. Sie sind tot.«

Ich holte tief Luft. »Auf dem Boot?«

»*Oh! Non, non.*« Sie schien verärgert, dass ich nicht richtig verstanden hatte. »*Er ...avant. Trois ans.*[3] Drei Jahre.« Harte Worte. Eine Traurigkeit, mit der sie eine Weile gelebt hatte.

»Wie?«

»Ich kenne Wort nicht ... äh, *comme toi avant.*[4]« Sie machte mich nach, wie ich mich übergeben und gezittert hatte.

»Krank?«

»*Oui.*«

Ich fragte mich, welche Krankheit es wohl gewesen war, aber es schien mir nicht richtig, danach zu fragen.

Für eine Weile war sie wie in Trance und starrte aufs Wasser.

»Warum hast du zuerst nicht geredet?«, fragte ich.

---

[3] *Äh ... davor. Drei Jahre.*
[4] *Wie du, voher..*

»Ich dich nicht kenne. Das ist richtig Englisch? *Tu comprends?*[5]«

»Was ist auf eurem Boot geschehen?«

Sie ahmte das pfeifende Geräusch des Windes nach und deutete mit der Hand über dem Wasser die Bewegung der Wellen an, die Finger waren der Regen.

»Sturm?«

»Ja. Böser Sturm.«

»Waren viele Leute dabei?«

»Nein. Boot ist klein.«

»Gesunken?«

Sie runzelte die Stirn.

»Ich meine, im Wasser. Sind die anderen Leute ... glaubst du, sie haben überlebt? Leben?«

»Nicht wissen. Ich *will*, sie leben? Ist das richtig?«

»Du *hoffst*, dass sie leben.«

»Ja. Und du? Leute?«, fragte sie jetzt mich.

»Ich weiß es auch nicht. Ich hoffe auch, dass es ihnen gut geht.«

»Mutter, Vater. Auf Boot?«

»Nein, sie sind zu Hause. In England. In Sicherheit.«

»Ah, ich denke, sie *denken* für dich. An dich? Verstehst du? Ich weiß Worte nicht.«

»Du meinst, sie sorgen sich? Ja. Sie werden krank vor Sorge sein. Hast du noch mehr Familie? Aus welchem Land kommst du?«

Sie seufzte. »Marokko. Du fragst viele, hm, Sachen.« Sie hob die Hand hoch und verscheuchte meine Fragen wie Fliegen.

---

[5] *Verstehst du?*

»Okay. Tut mir leid.«

Wir saßen da, starrten aufs Meer.

Eine. Lange. Zeit.

»Ich sollte nicht hier sein«, platzte es aus mir heraus. Es war keine Absicht. Ich brüllte beinahe.

Seltsamerweise hatte ich ausgerechnet ans Lernen gedacht.

»*Je ne comprends pas*«[6], sagte Aya.

»Ich hatte noch zu lernen. Meine Bücher waren auf dem Boot«, sagte ich

»Bücher? Du hast, wie ist Wort? ... *Angst*, weil keine Bücher?«

»Ich habe keine Angst Ich habe nur ... an zu Hause gedacht. Was ich in den nächsten paar Wochen mache. Ich sollte nicht hier sein.«

Sie sah mich erst verwirrt an, dann brach sie in ungläubiges Gelächter aus.

»Das ist nicht lustig. Du verstehst das nicht, für dich ist es nicht dasselbe«, sagte ich.

Und augenblicklich wünschte ich mir, dass ich das nicht gesagt hätte. Es war dumm gewesen. Ich war mir nicht sicher, ob sie mich verstanden hatte, sagte aber: »Sorry.«

»Wir leben. Wir haben Essen, Aman, Sturm ist fertig.«

»Ich hätte niemals auf die *Pandora* gehen sollen.«

»*Pandora?*«

»Ja, das Boot, die Jacht, auf der ich war. Sie hieß *Pandora*.«

»*Ah oui*, Pandora.« Sie nickte, als würde es etwas bedeuten. Und das irritierte mich. Ich weiß nicht, warum.

»Spielt es eine Rolle, wie das Boot hieß?«, fragte ich.

»Pandora, du kennen ...?«, fragte sie

---

[6] *Ich verstehe nicht.*

»Pandora verstehen? Wovon sprichst du?«

Sie seufzte und runzelte die Stirn. »Ich kann nicht sagen, mein Englisch ...«

»Oh, hör auf, dich für dein verdammtes Englisch zu entschuldigen! Ich sollte nicht hier sein«, sagte ich wieder. Ich dachte immer noch, sie wüsste nicht, was ich meinte, aber der Blick schien zu bedeuten, *dass* sie es wusste. Sie machte »Tss« und starrte aufs Meer und hatte für eine Weile genug von unserer Unterhaltung.

7

5. TAG
*Ich muss mit Aya reden. Ich muss es ausrechnen. Wie weit
wir vom Weg abgekommen sind. Wie lange wir überleben
können. Ich weiß nicht, ob sie so darüber denkt wie ich.
Sie muss.
?
Wenn sie träumt, murmelt sie und wälzt sich herum. Ich
flüstere »Schhhh«, langsam, bis sie sich beruhigt.
Wenn ich gereizt bin, verspricht sie mir, dass alles gut wird.
Ich glaube nicht, dass sie das hier wirklich zu Ende gedacht
hat.*

Wenn der Himmel voller Wolken wäre«, sagte ich, »dann
könnte ich verstehen, dass sie uns nicht finden. Vom
Flugzeug aus könnten sie uns nicht sehen. Bei rauer See könnten sie uns auch nicht sehen. Aber so verstehe ich es nicht.«

Ich nahm den Stift und das Buch und zeichnete die Kanaren und Afrika. »Wenn sie uns nicht bald finden, wird es immer
schwieriger. Guck, ich zeig's dir. Ich gehe davon aus, dass sie die
letzte bekannte Position der *Pandora* bestimmt haben. Dann, mal
angenommen, sie haben die anderen gefunden und suchen nach
mir ... nach uns – dann schätzen sie ab, wie weit Überlebende
kommen könnten. Sie verbinden beide Punkte. Dann schlagen
sie einen Kreis, so. Und das ist der Bereich, in dem sie suchen.«

Ich malte in das Buch.

»Sie würden schätzen, wie weit wir pro Tag kommen. Um

so viel vergrößert sich der Radius mit jedem Tag. Der Bereich ist gleich dem Flächeninhalt des Kreises, also der Radius zum Quadrat mal Pi. Wenn sich der Radius also verdoppelt, sagen wir von zwei auf vier Meilen, vergrößert sich das Suchgebiet von um die zwölf Quadratmeilen auf über fünfzig.«

An den ersten Kreis schrieb ich »ein Tag«, zeichnete einen größeren und schrieb »zwei Tage« daneben.

»Woher weißt du das?«, frage Aya.

»Ich rechne es aus. Es ist Mathe. Ich bin ganz gut in Mathe. Es wird mit jeder Stunde schwieriger für sie. Das ist Fakt. Trotzdem. Ich ...« Ich verstummte. Ich sah mich um. Ich kannte die schreckliche Wahrheit. Dad sagte immer: Fakten sind Fakten, deine Gefühle sind ihnen egal. Es war dumm zu glauben, dass wir gefunden würden, und es wurde stündlich dümmer. Wenn ich darüber nachdachte, es mir ausmalte ...

»*Je comprends*[7]«, sagte Aya. Sie fuhr mit dem Finger die Linie des großen Kreises nach.

»Das ... Wort, das du vorhin sagst? *Finden*? Ist das richtig? *Finden* uns, *oui*? Sie werden finden. Inschallah.«

Sie nahm den Stift und schrieb:

إن شاء الله

»So Gott will, richtig? Glaubst du daran?«

»Das sagen wir«, erwiderte sie, ohne meine Frage zu beantworten.

»Richtig.«

[7] *Ich verstehe.*

8

ya. Vielleicht hatte sie Hoffnung. Sogar Glauben. Inschallah. Ich? Ich wusste es nicht. Mir war, als hätte ich Hoffnung. Dann dachte ich: *Den Fakten sind unsere Gefühle egal. Sie sind bloß Fakten.*

Ich ruderte schon sehr früh am Tag, versuchte, uns nach Osten zu bringen. Aber das kostete viel Energie für eine kurze Strecke, und ich befürchtete, dass wir uns so von den Suchtrupps *entfernten*, obwohl Osten besser als Westen war. Im Westen lag der Atlantik.

Wenn es erst heiß geworden war, konnte ich nicht rudern.

Ich versuchte es mal wieder mit Angeln. Der Köder fiel einfach ab. Mal wieder.

Ich versuchte es ohne Köder. Das machte auch keinen Sinn.

»In meinem ganzen Leben habe ich mich noch nie so nutzlos gefühlt«, sagte ich.

»Du versuchst. Wir versuchen. Wir müssen.«

In diesen Stunden vertrieben wir uns also die Zeit dabei, miteinander sprechen zu lernen. Aya war wissbegierig. Sie zeigte mit dem Finger. »Das ist Sonne. Meer. Wasser. Ding, das Regen macht, ist was?«

»Wolke.«

»Ja, Wolke.« Sie machte sich Notizen in meinem Buch, manchmal auf Arabisch, manchmal in einer seltsamen Sprache aus Kreisen und Rechtecken und Linien, es waren mehr Symbole als irgendeine Schrift, die ich je zuvor gesehen hatte.

Als wir alles durchgegangen waren, was im Boot war oder wir im Wasser sahen oder uns vorstellen konnten – Fische zum Beispiel, Haie und Delfine –, fing sie mit etwas anderem an. Beliebige Dinge, irgendwas, das ihr gerade einfiel oder das sie malen konnte. Sie zeichnete Umrisse und fragte nach den Wörtern dafür. Namen von Dingen aus den Welten, die wir hinter uns gelassen hatten: Baum, Blume, Auto, Fernseher, Kamel, Zelt, Moschee, Fußball, Berg, Kuchen, Burger. Irgendwie kamen wir so darauf, dass es Burger mit Kamelfleisch gibt. Und das Fett des Höckers, erzählte sie mir, aß man in dicke Scheiben geschnitten. Es stellte sich raus, dass sie besser Englisch konnte, als ich angenommen hatte. Sie hatte damit nur wieder warm werden müssen.

»Du wohnen wo?«, fragte sie.

»Hampshire. Das ist im Süden von England.«

»Gutes Leben?«

»Ja.«

Es fiel mir schwer, darüber zu reden. Einfache Dinge brachten mich aus der Fassung. Ich erinnerte mich gern, aber es war schwer, darüber zu sprechen, ohne traurig zu werden. Hunger und Erschöpfung kamen dazu.

Ich beschrieb unser Auto. Wie unordentlich mein Zimmer war. Ich erzählte von meinem Hund, Benji.

»Er ist eine Promenadenmischung, ein rauflustiger kleiner Kerl aus dem Tierheim ...« Ich brach ab.

»Du bist okay?«

»Mir geht's gut!« Mehr brachte ich nicht raus. Es war kein Heimweh. Es war nicht nur Heimweh. Ich dachte: *Vielleicht sehe ich sie nie wieder. Dieser Abschied, zu Hause, bevor ich mit Dad ins Auto bin. Mums Umarmung und dann noch eine Umar-*

mung und zu viele Küsse, von meiner Wange gewischt wie damals,
als ich noch klein war.

»Benji wird dich vermissen«, hatte Mom gesagt.

»Ich werde ihn vermissen.«

»Sei vorsichtig!«

»Klar.«

»Wir sehen uns in ein paar Wochen.«

»Ja. Wiedersehen«, sagte ich.

Ich wusste ja nicht, dass es vielleicht das letzte Mal war, dass ich das sagte.

An all das dachte ich, aber Aya sagte ich nichts davon. Ich fing wieder an, Worte mit ihr auszutauschen. Worte für Essen, London, Landschaft. Nur nicht zu viel von »mir«.

Sie lernte schnell. Sie sprach mir nach, wiederholte jedes Wort, das sie gelernt hatte, drei- oder viermal. Sie brachte mir Worte aus der Berbersprache bei. Aber ich konnte sie nicht aussprechen. Es kam alles rau, mit viel »acch« und »szz«. Aya lachte, wenn ich es versuchte und es nicht hinkriegte, selbst wenn ich glaubte, die Wörter *haargenau so* ausgesprochen zu haben wie sie.

Wir redeten und wir machten *Aman*. Jedes Mal, bevor wir Wasser nachfüllten, kratzten wir das Salz ab und bewahrten es in einer Dose auf. Aya sagte, wir würden es brauchen, sobald wir einen Fisch fingen.

In der Mitte des Tages langte ich hinaus, um Meerwasser zu schöpfen, und Licht und Winkel waren gerade richtig, um mir mein verzerrtes Spiegelbild zu zeigen. Mein Haar war zu Stroh gebleicht. Mein Gesicht war knallrot. Aber die Haut war auch ein bisschen braun. Kein rohes Fleisch.

Nachts wachte ich auf, weil ich pinkeln musste.

Aya musste auch, sie pinkelte nach mir.

Über uns waren ein paar Wolken aufgezogen. Der Himmel war diesig. Es war immer noch erbärmlich heiß, aber eine leise Brise war aufgekommen. Das Meer schimmerte hellgrün und silbrig. Ein leichter Wellengang bewegte das Boot.

Seegang 1 bis 2.

So war es. Ich bemerkte jede noch so kleine Veränderung. Jedes noch so kleine Detail.

Das Meer und der Himmel waren unser Universum und das Boot war unsere Welt. Ein Planet, der die Schwerkraft überwunden und seinen Stern verlassen hatte und davontrieb in tintigem Blau.

9

Ich schlief nicht viel.
Ich konnte nicht aufhören, mir vorzustellen, wie viel Zeit schon verstrichen war und wie weit wir uns in ihr entfernt hatten. Der blanke Horror der Fakten. Ein sehr realer Horror.

In der Morgendämmerung zog ich Bilanz und schrieb es auf:

*Ruderboot — Rumpf aus Fiberglas mit einer Außenhülle
aus Holz. Hübsch, aber nur dafür gemacht, zu Jachten
überzusetzen oder in Strandnähe herumzudümpeln.
Vorräte im Stauraum:
8 Dosen: Thunfisch, Baked Beans, Suppe, Pfirsiche,
Milchreis
Plastiktüte mit Zitronen und 3 Bananen
Ich schätze, dass wir jeder mit 2 Dosen pro Tag auskommen.
Nicht viel. Nur 2 Tage noch ohne Hunger. Dann nur noch je
eine für uns beide, bis uns die Vorräte ausgehen.
6 Tage alles in allem.
Ich weiß nicht, wie lange ein Mensch danach noch
überleben kann.
Ausrüstung:
Ein Ruder.
Eine Bank, herausgenommen, damit wir mehr Platz haben
Angelschnur und Haken mit Rolle
Messer, groß/scharf, von der* Pandora *mitgenommen
3 x 1-Liter-Flasche aus Plastik, die sich langsam füllen*

Ein letztes Mal versuchte ich noch mal zu angeln. Wieder wurde der Köder zu Brei, sobald er mit dem Wasser in Berührung kam.

»Es ist sinnlos. Es geht nicht«, sagte ich.

Aya hockte da, die Arme um die Knie geschlungen, und starrte mich an. »Angeln?«

»Angeln. Alles.« Ich starrte auf den Haken und die Schnur in meinem Schoß. Sie jetzt wegzulegen hieße aufzugeben. Es noch mal zu versuchen, machte keinen Sinn.

»Wir müssen hoffen«, sagte Aya sanft.

»Verstehst du denn nicht? Keine Flugzeuge, keine Boote, dieser Sturm hat uns irgendwo hingebracht, wo sie nicht nach uns suchen. Wir werden hier draußen sterben.«

»Ich fühle das nicht.«

»Fakten sind deine Gefühle egal.«

»Fakten? Was heißt das Wort?«

»Fakten. Was wirklich ist. Die Wahrheit. Wir haben noch acht Dosen. Sechs Tage. Vielleicht dauert es länger, verhungern wir langsamer. Aber immer noch verhungern. Verstanden?«

»Du bist wütend, weil du Angst hast.« Sie schlug die Beine unter und setzte sich aufrecht hin, ihr Rücken kerzengerade. »Ich sage dir eine Wahrheit. Wir sind stark.«

»Sind wir? Wie? Warum?«

»Wir haben keine Wahl. Wir müssen stark sein. Wir sind nicht allein. Wir sind zusammen. Das ist, mmh ... Das ist *Wahrheit*. Ich kann nicht so gut sagen.«

»Der Grund, meinst du? Du glaubst, das hier hätte einen Grund? Es gibt keinen Grund. Es ist bloß Glück. Wir hätten beide ertrinken können. Wir glauben, es ist ein Wunder, dass wir nicht gestorben sind, aber es ist kein Wunder, es ist reiner

Zufall. Es war auch Zufall, dass ich auf der *Pandora* war. Zur falschen Zeit.«

»Ah ja, Pandora, kennst du die Geschichte?«

Ich stieß einen tiefen Seufzer aus. Hatte sie überhaupt gehört, was ich gesagt hatte?

»Aya, wie soll denn jetzt eine Geschichte helfen?«

»Helfen? Ich weiß nicht. Aber ich frage wieder, kennst du die Geschichte?«

»Nein. Aber ich kann es kaum *abwarten*, sie zu hören.«

»Okay«, sagte sie

»Ich war sarkastisch.«

»Du musst Wörter sagen, die ich weiß, Bill. Ich weiß nicht, sark...«

»Erzähl einfach die Geschichte«, fuhr ich sie an. »Was für eine auch immer. Die Geschichte von Pandora, handelt sie von einem Boot im Sturm?«

Sie lächelte. »Ja, nein. Ich sage. Hm, wie eine Dose, aber Stein, so.« Sie stellte es pantomimisch dar.

»Eine Steindose? Keine Ahnung. Krug? Vase?«

»Vielleicht Vase.«

Sie erzählte mir eine Geschichte.

»Die Götter geben eine Vase an das Mädchen Pandora. Sie glaubt, in dieser Vase viele Schätze. Aber sie weiß nicht, es ist ein Trick. Pandora macht die Vase auf und drinnen sind viele Dschinns. Und jeder Dschinn ist schrecklich. Jeder hat einen Namen. Hunger, Krankheit, Tod, Hass. Viele schlechte Dinge. Pandora will die Vase zumachen, aber sie kann nicht. Die vielen schlechten Dinge, sie sind stark und sie waren so viele Jahre in der Vase. All diese schlechten Dinge kommen in die Welt. Aber ein Ding ist noch da. Hoffnung.«

»Na fein. Und *das* ist die Geschichte?«

»Das Boot heißt *Pandora*. Der Sturm ist die Götter oder das Geschenk der Götter, vielleicht. Und was kommt? Durst, Hunger, heiße Sonne. Die Dschinns. Aber wir haben Hoffnung. Wie Pandora.«

»Das Boot ist wie das Mädchen? Du verwechselst eine Geschichte mit der Wirklichkeit.«

»Ja. Mein Onkel, er sagt, Geschichte ist nicht wahr, hat aber Wahrheit darin, wie Dschinn in einer Vase. Verstehst du?«

»Was weiß denn dein Onkel davon?«

»Er ist der Geschichtenerzähler bei uns im Dorf.«

»Du wohnst bei ihm?«

»Ja. Und bei seiner Frau. Sie haben auch eine Tochter, Sakkina. Kleiner als ich. Ich liebe sie sehr.«

Sie sagte das so selbstverständlich. Sie hatte eine Familie. Sie hatte ein Zuhause. Wie ich.

»Ist das was Wichtiges, Geschichtenerzähler?«

»Am meisten. Eine Geschichte ist wie Essen oder Wasser«, sagte Aya.

»Na ja, gerade würde ich deine Geschichte über Pandora sofort gegen etwas zu essen tauschen«, sagte ich.

»Eine Geschichte ist wichtig. Wie Essen und *Aman* auch.«

»Wenn du mich fragst, ist es nur eine dumme Geschichte.«

»Ich frage dich nicht.«

Der Wind erstarb in der Hitze. Es war glühend heiß, also machten wir *Aman*.

Aber es gab ein Problem: Wenn ich *Aman* machte, hatte ich die Windjacke nicht, also auch keinen Schatten.

Weil ich immer mein T-Shirt anhatte, war mein Körper nicht *so* schlimm verbrannt, also zog ich es in der schlimmsten Hitze des Tages, wenn der *Aman*-Macher am besten funktionierte, aus, tunkte es ins Meer und wickelte es mir dann um den Kopf.

Aya kauerte unter ihrem Umhang im Bug.

»Morgen haben wir volle Flaschen«, sagte ich. »Dann können wir anfangen, die Tonne aufzufüllen. Aya?«

Sie nickte, sah aber nicht auf.

»Alles in Ordnung bei dir?«

Sie nickte wieder, sah aber mürrisch aus. Vielleicht war sie immer noch angefressen, weil mir ihre Geschichte nicht gefallen hatte, dachte ich zuerst, aber dann verstand ich. Sie wandte den Blick ab, weil es ihr wahnsinnig peinlich war, dass ich mein dämliches T-Shirt mit der Comic-Ente nicht trug. Ich dachte: *Dieses Boot, vielleicht sind es zwei Welten. Ihre und meine, und die sind nicht gleich.*

Ihre Augen schimmerten, sie atmete schwer.

Es war verzwickt, sie hockte schweigend da, ich wurde geröstet.

Die Hitze wurde immer schlimmer. Nach zwanzig Minuten waren meine Schultern knallrot.

»Können wir uns den Schatten teilen, so wie wir Essen und Trinken teilen?« Ich zeigte auf den Umhang und dann auf meine Schultern. Ich kroch vom *Aman*-Macher zu ihr in den Bug. Ihre Hände packten den Umhang und sie zog ihn noch fester um sich.

49

»Komm schon«, bettelte ich.

»*Non!*« Sie streckte ihre Hand ins Sonnenlicht. Ihre Handfläche war hell. Liniert wie eine Karte.

Ich kehrte zum *Aman*-Macher zurück und saß einfach da, in der Sonne schmorend. Ich zog das T-Shirt wieder an, aber meine Arme und mein Hals waren nach wie vor unbedeckt. Der Schmerz wuchs mit jeder Minute, und wenn ich mich nicht bald bedeckte, würde meine Haut ernsthaft Schaden nehmen. Ich hatte genug davon. Ich nahm das Messer vom *Aman*-Macher, packte die Windjacke und legte sie mir über Kopf und Schultern.

»Kein Schatten, kein *Aman*!«

Aya runzelte die Stirn und kaute auf ihren Wangen. Sie nahm den Umhang ab und bot ihn mir an, ihre Augen funkelten, sagten: *Entweder habe ich ihn oder du.*

Ich nahm ihn. Ich griff auch nach dem Ruder. Als ich mich neben sie setzte, wich sie zurück.

»Halt das«, sagte ich. Widerwillig nahm sie das Ruder. Ich ließ es sie senkrecht halten. Ich tauchte den Umhang ins Wasser, damit der Saum schwer wurde. Dann drapierte ich ihn über das Ruder wie über einen Mast, der Saum ragte über den Bug.

»*Voilà*«, sagte ich. »*Une tente!*[8]« Ich ließ sie mit dem Ruder in der Hand zurück, kehrte in den anderen Teil des Boots zurück und setzte den *Aman*-Macher wieder in Gang. Dann kam ich zurück, quetschte mich neben sie und hielt das Ruder.

Sie drückte sich gegen die Seite des Boots, so weit weg von mir wie möglich. Ich konnte *spüren*, wie angespannt sie war, stocksteif mit abgewandtem Kopf. So nahe waren wir uns nicht

---

[8] *Ein Zelt.*

mehr gewesen, seit ich sie gefunden und ihren halb toten Körper ins Boot gehievt hatte.

Ich versuchte zu reden, aber Aya wollte nicht. Ich sollte spüren, dass sie nur so dasaß, weil sie es musste.

Ganz zu ihr umdrehen, um sie anzusehen, konnte ich mich
nicht, aber ich beobachtete sie aus dem Augenwinkel. Die Knochen unterhalb ihres Halses, die Grube zwischen den Schlüs-
selbeinen. Der Schatten, wo ihre Haut in ihr Kleid überging.
Ihre verschränkten Beine. Die hellen Fußsohlen. Ihre Hände,
im Schoß gefaltet. Helle Ränder am Ansatz ihrer Finger. Einen,
zwei, drei, wo sie einmal Ringe getragen hatte.

Nach langem, bedrückendem Schweigen sagte sie: »Ich bin
heiß.«

Ich kroch unter dem Zelt hervor. Ich sah hinaus, auf das
kühle Wasser. Ich zog mein T-Shirt aus.

Mir war, als würde ich am Rand einer Klippe stehen. Ich
hatte Angst. *Da unten sind vielleicht Haie oder andere schreckliche Dinge.* Aber dann sagte ich mir, dass wir die ganze Zeit
über nichts Lebendiges gesehen hatten. Und es war ja nicht so,
als hätten wir nicht reichlich Ausschau gehalten. Nein, da war
nichts, was einem Sorgen machen musste. Da war nur Wasser.

Kopfsprung.

Das Wasser machte mir eine Gänsehaut, brannte wie Eis auf
meiner von der Sonne geröteten Haut. Ich öffnete die Augen,
tauchte tief, kam wieder hoch.

Aya spähte stirnrunzelnd über den Rand des Boots.

»Bist du verrückt?«

»Wahoo!«, rief ich. Ich schwamm vom Boot weg, immer in
der Erwartung, dass da unter oder neben mir etwas erscheinen würde. Doch da war nur Wasser. Strahlen goldenen Lichts

tanzten unmittelbar unter der Oberfläche, wanden sich und wiegten sich sanft, wenn eine schwache Brise die Oberfläche kräuselte. Tief unter mir verlief das Licht in einem Blau, das endlos weit zu reichen schien.

Ich schwamm weiter. Mit jedem Atemzug, jedem Armschlag fühlte ich mich besser, dehnte Arme und Beine, die sich seit Tagen kaum gerührt hatten. Ich schwamm, bis ich ganz ruhig und abgekühlt war, weg vom Boot und hinaus in die Weite. Endlich drehte ich mich um und sah zum schwebenden Schatten des Bootsrumpfes. Wie seltsam es war, das Boot aus der Entfernung zu sehen. Plötzlich hatte ich Angst und fühlte mich verloren. So schnell ich konnte, schwamm ich zum Boot zurück. Erst als meine Hand auf ihm lag, fühlte ich mich wieder sicher.

»Komm rein«, sagte ich. Aya schüttelte den Kopf, als hätte ich die verrückteste Idee aller Zeiten gehabt. Und sie war *wirklich* verrückt, denn ohne ihre Hilfe würde ich es nicht zurück ins Boot schaffen.

Ich schwamm wieder weg, aber nicht zu weit, und nutzte die Gelegenheit, zu pinkeln und mich in der Hose und unter den Armen zu kratzen.

Ich schwamm in Kreisen um das Boot.

Dann: »Hilf mir«, sagte ich und streckte eine Hand aus.

Sie zögerte. Mir wurde klar, dass wir uns noch nie berührt hatten, außer als ich sie ins Boot gezogen hatte, und da war sie nicht bei Bewusstsein gewesen. Ich streckte so lange die Hand aus, bis sie sie packte und zog, kräftig genug, damit ich mich an der Bordkante festhalten und hochhieven konnte.

Aya schimpfte auf Arabisch oder in der Berbersprache. Der *Aman*-Macher wackelte. Das Messer fiel herunter. Ich legte es wieder an seinen Platz, dann hockte ich mich tropfend und grinsend vor sie.

»Schwimmen war noch nie besser. Jetzt du.«

Sie senkte den Blick, sie sah aufs Meer, überallhin, nur nicht zu mir.

Ich wich ein bisschen zurück.

»Los«, sagte ich.

»*Non*«.

»*C'est bon. Très, très bon.*[9]«

»Hm ... *non.*«

»Komm schon.«

Sie lugte über den Rand, tauchte dann eine Hand ins Wasser. Sie seufzte.

»Du«, sagte sie mit ausgestrecktem Zeigefinger. »Sieh weg.«

Das machte ich.

Das Boot wackelte, es folgte ein leises Platschen. Aya glitt ins Wasser.

Warum hatte sie nicht gewollt, dass ich sie sehe? Ausziehen würde sie sich doch ohnehin nicht. Ich drehte mich um. Sie schwamm, das Kleid klebte wie eine zweite Haut an ihr.

Sie schwamm weit weg – *viel weiter* als ich.

»He, nicht zu weit!«, rief ich. Als sie so weit weg vom Boot war, bekam ich Angst, machte mir plötzlich Sorgen. Aber ich wusste nicht, weswegen. Ich wusste nur, dass das Boot unser Zuhause war und wir damit verbunden waren, und es fühlte sich einfach nicht richtig an, wenn sich einer – egal wer von uns beiden – so weit davon entfernte. Sie schwamm zurück und ich half ihr ins Boot.

---

[9] *Das ist gut. Sehr, sehr gut.*

Danach wechselten wir uns ab. Wir wurden mutiger; schwammen weiter hinaus und tauchten tiefer.

Ich tauchte unter das Boot, so tief, bis das Wasser kälter wurde, und öffnete die Augen. Die Sicht war verschwommen. Um mich herum helles Blau, aber darunter endlose Dunkelheit. Ich war umgeben von kühlem Licht, auf der Suche nach nichts. Ich hielt die Luft an, bis meine Lunge schmerzte und meine Ohren wehtaten.

Und sah ...

Ich geriet in Panik, schwamm und tauchte keuchend auf.

»Hilfe!«, schrie ich, griff ihre Hand und krabbelte ins Boot. Ich suchte das Blau ab.

»Du siehst was?«, sagte Aya.

»Ja, ich habe etwas gesehen. Es war groß, es hat sich bewegt ...«

»*Qu'as tu vu?*[10]«

»Ich weiß nicht. Aber es war größer als das Boot!«

War es *wirklich* größer als das Boot gewesen? Vielleicht ein großer Fisch oder ein Delfin? Aber es war ein anderes Wort, ein anderes Bild, das immer wieder in meinem Kopf auftauchte.

Hai.

Ich spähte über den Rand, wollte schauen und wollte nicht schauen. Wissen und nicht wissen.

Als die Sonne unterging und die Luft abkühlte, aßen wir. Eine Dose mit Thunfisch, eine mit Milchreis.

Es war nicht genug. Es war nie genug. Wir quälten uns selbst,

[10] *Was hast du gesehen?*

indem wir uns darüber unterhielten, was wir jetzt am liebsten essen würden. Steak und Pommes für mich. Ein Eintopf für sie.

»Wir haben einen Topf, er heißt Tagine, das kommt auf das Feuer, so.« Aya stellte pantomimisch das große Rund eines Topfes und eines Deckels dar, aus dem eine Art Schornstein spitz nach oben ragte. »Tomaten, Auberginen, viele Gewürze. Das riecht gut. Hier überall im Zelt würde es riechen. Und wir haben kleines Brot und Joghurt von den Ziegen. Wir alle teilen das Essen, jeder. Manchmal ist Tagine so groß, dass zehn Leute essen. Mehr! Dann, danach, erzählt mein Onkel eine Geschichte.«

Wir versuchten uns abzulenken, malten uns das Essen aus. Malten uns alles Mögliche aus, außer das, was ich im Wasser gesehen hatte.

»Ich wünschte, ich könnte mir die Zähne putzen, anstatt sie mit den Fingern abzureiben und mit Meerwasser abzuspülen«, sagte ich.

Aya starrte ins Wasser, sah dann zu mir hinüber, dann starrte sie wieder ins Wasser.

»Wonach suchst du?«, fragte ich.

»Nichts.«

»Es ist weg«, sagte ich. »Was immer ich gesehen habe, es ist nicht mehr hier.«

Aya nickte. Sie saß da mit verschränkten Armen und untergeschlagenen Beinen.

»Es ist weg«, sagte ich und wünschte mir, ich würde es glauben.

Es dauerte lange, bis ich nicht mehr danach suchte.

»Es ist seltsam.«

»Was?«, fragte Aya.

»Wir sind irgendwo vor der Küste von Afrika, vor den Kanaren. Es gibt Schifffahrtswege. Es sollte Boote geben, Kondensstreifen von Flugzeugen, Müll im Wasser. Aber hier? Keine Flugzeuge, keine Boote. Nichts.«

»Komisch«, sagte sie. »Ja.«

10

Ein Stern leuchtete am Himmel, direkt über der sinkenden Sonne.

»*Un*.« Aya hielt einen Finger hoch.

»Eins?«

Sie deutete auf etwas. »Ein anderer Stern. Drei ... da, vier.«

Es war ein Spiel: Finde den nächsten Stern. Wir schafften zwanzig, bevor sie so schnell auftauchten, dass wir mit dem Zählen nicht mehr nachkamen.

»Ich wünschte, ich hätte mein Teleskop«, sagte ich.

»Was ist das?«

Ich erklärte es ihr.

»Du siehst mehr Sterne?«, fragte sie.

»Tausende mehr.«

»Nein, nicht tausend.«

»Doch. Leg dich auf den Rücken, schau nach oben. Such dir einen Fleck am Himmel. Du siehst noch mehr.«

Sie legte sich wirklich auf den Rücken. Sie schaute lange Zeit.

»Ja. Ich sehe. Das Licht der Sterne.« Sie zeigte darauf. »Sehr, seeeehr weit weg.«

»Das Licht von manchen dieser Sterne hat Tausende von Jahren gebraucht, um hier anzukommen. Mit manchen Teleskopen kann man Sterne sehen, die es nicht mehr gibt.«

»Das ist unmöglich. Wenn du siehst, ist es da«, sagte Aya.

Ich versuchte es zu erklären. Lichtgeschwindigkeit. Die unvorstellbaren Entfernungen. Das von einem einzelnen Punkt ausgehende, sich ausdehnende Universum. Der Urknall.

»Jeder Stern hat eine Geschichte«, sagte sie. »Nicht aus Worten, aus Licht, und mit deinem Teleskop liest du die Geschichte.«

»Ja, bestimmt.«

»Der Urknall. Wenn das der Anfang der Geschichte ist, was ist das Ende?«, fragte sie.

»Das Universum dehnt sich unendlich aus. Bis es keine Hitze mehr gibt, kein Licht, kein Leben. Das ist ein Ende. Das wahrscheinlichste.«

»Ich glaube die Geschichte nicht. Das ist nicht das Ende.«

Ich fragte, woher sie das wisse, aber sie erklärte es nicht.

Wenn die Sterne den Abendhimmel übersäten, tranken wir *Aman.*

»Wasser ist Leben«, sagte Aya. »Jeder Tag ist ein Tag Leben. Wie Scheherazade. Weißt du?«

»Scherazade?

»Nicht Sche-razade. Sche-he-razade.«

»Okay. Was ist Sche-he-razade?«

»Nicht *was.* Wer. *Jeder* weiß Scheherazade.«

»Ich nicht.«

Aya rollte mit den Augen und lachte. »Geschichte, weißt du? Geschichte von Sindbad, Geschichte von dem Esel?« Sie spulte die Titel weiterer Geschichten ab, als wüsste ich, worauf sie hinauswollte. Ich zuckte mit den Schultern.

»Scheherazade erzählt Geschichte, um einen Tag mehr zu leben. Weißt du wirklich nicht?«

»Nein.«

»Oh.«

Ich wartete. Ich dachte, sie würde mir vielleicht eine von diesen Geschichten erzählen. Und ich hoffte, dass sie besser wäre als die von Pandora. Aber sie bot es nicht an. Nach einer Weile sagte ich also: »Erzähl mir.«

»Du magst nicht. Nur eine dumme Geschichte.« Sie machte mich nach. Allzu gut.

»Sorry. Es tut mir leid, dass ich das gesagt habe. Ich war … du hattest recht. Ich war wütend.« Ich fügte nicht hinzu: *Ich hatte Angst.*

»Ich bin kein Geschichtenerzähler. Ich versuche, aber … Mein Onkel, wie ich dir sage, *er* ist ein Geschichtenerzähler. Alle lieben ihn. Im Dorf, am Markttag erzählt er Geschichten. Alle sitzen da und hören. Nicht nur Kinder, alle Leute, ich …« Sie unterbrach sich und verstummte.

»Erinnerst du dich an diese Geschichten?«

Aya biss sich auf die Lippe, überlegte.

»*Oui.*«

»Dann bitte«, sagte ich. »Erzähl mir eine.«

Ich wollte abgelenkt werden. Ich musste an etwas anderes denken als an unsere Rettung (oder Nicht-Rettung) oder die endlose blaue Wüste um uns herum. Nicht an diesen Schatten im Wasser. Nicht an Hitze und Hunger und Durst. Ich konnte meine eigenen Gedanken kaum noch ertragen.

Aya kaute auf ihrer Lippe herum. »Okay. *Pourquoi pas?*[11] Ich will versuchen. Aber, mein Englisch ist nicht …«

»Gut?«, schlug ich vor.

»Nein, nicht das. So wie wir kein Essen haben, was für ein Wort hast du gesagt?«

»Wir haben nicht *genug* Essen?«, sagte ich.

---

[11] *Warum nicht?*

59

»Ja, so, ich habe nicht *genug* Englisch.«

»Versuch es trotzdem. Bitte.«

Mit dem aufgeschlagenen Notizbuch in der Hand dachte sie darüber nach, tippte mit dem Stift auf das Papier.

»Bitte«, sagte ich wieder. Sie legte das Buch beiseite und wechselte in den hinteren Teil des Boots, hockte sich über den Stauraum, dahin, wo sonst das Ruder war. Sie zog die Füße hoch und stützte ihr Kinn auf die Knie.

Sie streckte die Arme aus und spreizte die Finger und malte zu jedem Satz ein Bild aus Gesten. Sie sprach Englisch und Französisch und eine Sprache, die ich nicht kannte, sodass ich raten musste, was sie meinte. Wenn sie etwas gar nicht sagen konnte, machte sie Pantomime. Ich musste ihr das Notizbuch reichen und sie malte Bilder.

Ich musste sie bitten, Pausen zu machen, weil ich überlegen musste, lange überlegen, was sie meinte.

Es war langsam. Aber es klappte. Und es machte Spaß.

Es würde keinen Sinn machen, es genau so wiederzugeben, wie sie es erzählt hat. Nicht, wenn Aya nicht vor einem sitzt dabei, Worte singt und mit ihren Händen Bilder malt.

Aber am nächsten Tag schrieb ich es so gut, wie ich mich noch erinnern konnte, in mein Buch. Hier ist die Geschichte. Wenigstens meine Version von ihr. Eigentlich war sie länger. Es gibt Einzelheiten, die ich über Nacht vergessen habe, ich bin mir sicher. Und vielleicht habe ich auch etwas hinzugefügt. Ich weiß es nicht. Aber mehr oder weniger ist es das, was sie mir erzählt hat.

DIE GESCHICHTE DER SCHEHERAZADE

Es war einmal ein wunderschönes Land. Der Weizen auf den Feldern wiegte sich im Wind wie das Meer, in den Flüssen floss kristallklares Wasser. Es gab Honig und Safran und viele herrliche Dinge zu essen und zu trinken. Die Stämme in diesem Land lebten glücklich und in Frieden. Niemand hatte Hunger. Abends machte man Musik und tanzte und erzählte Geschichten.

Am Rande dieses Landes lag eine große Wüste, ein Ort der Hitze und des Todes. Und hinter dieser Wüste lebte ein König. Er war ein grausamer Mann mit einem grausamen Heer. Sein Heer eroberte in seinem Namen jede Stadt und jedes Land, nach dem ihm der Sinn stand. Sie stahlen Diamanten, Silber Seide und die Ernte. Den Weg dieses Heers pflasterten Knochen, Trümmer und Tränen. Am Wegesrand blieben viele Witwen zurück. Doch je mehr der grausame König besaß, desto größer wurde seine Gier.

Dann hörte der König von dem Land jenseits der Wüste. Sein Hunger wurde noch größer und seine Gier machte ihn mutig. Obwohl es Wochen dauerte und viele seiner Männer dabei ums Leben kamen, durchquerte er die Wüste. Als er das Land erreicht hatte, nahm er es und seine Menschen mit dem Schwert.

Die Stämme kämpften tapfer um ihre Freiheit, aber sie waren

keine Soldaten. Der König eroberte das Land und machte viele Menschen zu Sklaven.

Der König hatte jetzt alles, was er wollte, nur eines fehlte ihm. Er hatte keine Braut.

Seine Armee durchkämmte Dörfer, Hügel und Täler. Sie suchten das schönste Mädchen im Land.

Eines Tages hatten sie es gefunden. Ihr Lächeln leuchtete heller als Juwelen. Sie lachte und sang wie ein Vogel. Sie war solch eine Freude wie der Morgen im Frühling. Alle liebten sie.

Aber ihre Schönheit war der Samen ihres Todes. Der König glaubte, dass alle Männer sie haben wollten. Und es war möglich, dass das stimmte! Also schloss er sie jede Nacht in seinem Zimmer ein. Nur tagsüber durfte sie es für wenige Stunden verlassen, doch nur in Begleitung des Königs oder seiner Wachen. Und ohne die Erlaubnis des Königs durfte sie weder mit einem Mann sprechen noch einem Mann in die Augen sehen.

Der König war nicht ihr Ehemann, sondern ihr Gefängniswärter.

Mit jedem Tag verblasste das Licht des Mädchens mehr, bis sie eines Tages wie ein Stern erlosch.

Sie hasste ihr Leben. Und obwohl es gefährlich war, sprang sie aus dem Fenster und rannte schnell davon. Doch die Soldaten hatten Hunde und Pferde und fanden sie. Und der König ließ sie töten.

Aya fuhr mit dem Finger wie mit einem Messer über ihren Hals.

»Krrrrrk«, krächzte sie. Ich stellte mir vor, dass es ganz genau so klang, wenn eine Klinge durch Fleisch fuhr. Ich schauderte.

Aya stellte pantomimisch dar, wie der Kopf des Mädchens auf den Boden des Boots fiel. Dann hob sie ihn auf.

»Rumms. Ihr Kopf wurde auf ein, äh, langes Messer gesteckt?«

»Spieß? Speer?«

»Ja, Speer. So.« Sie ahmte den grauenhaften Akt nach. »Aber der König hatte dem Mädchen nichts genommen. Sie war schon tot ...« Aya schlug die Hände vor die Brust. »In ihrem Herzen.«

Ich wartete auf den nächsten Teil. Aber Aya hockte einfach da wie eine große Krähe.

»Das ist die Geschichte?«, fragte ich.

Aya zuckte mit den Schultern. Sie hatte sie so gut erzählt. Ihre Augen hatten geglüht, ihre Stimme hatte die Nacht erfüllt. Ich war dort gewesen. Als sie den Honig und die Trauben beschrieben hatte, war mir das Wasser im Mund zusammengelaufen. Ich konnte die Dörfer und die Weizenfelder sehen, und das Heer, die schwarz gekleideten Soldaten, wie sie in die Wüste ritten, ihre Krummsäbel schwangen, Kriegsrufe ausstießen. Ich hatte all das gesehen und gehört.

»Das war eine ziemlich grausige Geschichte, Aya. Aber ... Geschichten haben Happy Ends, nicht wahr? Und deine hat so plötzlich aufgehört.«

Aya ließ die Schultern hängen.

»Aber ... sie hat mir trotzdem gefallen«, sagte ich. »Sie hat mir gut gefallen.« Und das hatte sie, weil sie mich das Boot und das Meer und den Hunger hatte vergessen lassen. Und den Schatten da unten. »Also, die Braut«, sagte ich, »sie war Scheherazade? Aber hast du nicht gesagt, dass Scheherazade den Tod überlistet hat?«

»Das ist wahr.«

»Oh, dann ...«, sagte ich.

»Ja. Das ist erst der *Anfang* der Geschichte. Und was macht der König jetzt ?«

Er nahm sich ein neues Mädchen. Aber nach einer Nacht ließ er sie von seinen Soldaten töten. So sorgte er dafür, dass ihm keine Braut mehr weglaufen würde. Am nächsten Tag machte er es genauso und am Tag darauf auch. Und jenseits der Stadtmauern wurden immer mehr Köpfe aufgespießt und die Erde war rot vom Blut der Mädchen.

Der König nahm sich die Frauen des Landes, wie er sich zuvor die Städte genommen hatte, eine nach der anderen. Wenn die Soldaten kamen, versteckten die Mütter ihre Töchter in Ställen und Brunnen. Sie schickten sie in die Wälder und Berge, wo sie sich verbergen sollten. Aber die Männer fanden die Mädchen dennoch.

So wie die Sonne in der Morgendämmerung den Sternen das Licht nimmt, stahl der König dem Land die Schönheit.

Nach drei Jahren waren nicht mehr viele junge Frauen übrig.

Aber es gab einen Mann, der dem König nahestand, einen Wesir, der zwei Töchter hatte. Bislang waren seine Töchter geschützt gewesen, doch nun hatte der König den Wesir aufgefordert, ihm eine seiner Töchter zu geben.

Der Wesir liebte seine Töchter, Dinarzade, die Schöne, und Scheherazade, die Gelehrte. Den Gehorsam konnte er seinem König nicht verweigern, doch wie sollte er wählen?

Dinarzade flehte um ihr Leben. Doch dann sah sie Scheherazades Tränen und schämte sich.

»Nimm mich, Vater«, sagte Dinarzade. »Was bedeutet schon

das Glück eines Tages? Alle Mädchen müssen Frauen des Königs werden und alle werden sterben.«

»Nein«, sagte Scheherazade. »Ich könnte deinen Tod nicht ertragen.« Die Schwestern klammerten sich aneinander und weinten. »Nimm mich«, sagte Scheherazade unter Tränen.

»Nein«, sagte der Wesir. Aber seine Stimme zitterte, da er wusste, dass *eines* der Mädchen zum König musste.

»Hast du mich nicht gut unterrichtet, Vater?«, fragte Scheherazade. »Ich weiß um die Weisheit des Philosophen, das Geschenk der Musik, die Wahrheit des Dichters, das Geheimnis der Alchemie, die Wege der Sterne und die Magie der Zahlen. All das werde ich gebrauchen, um mein Leben und das Leben meiner Schwester und das aller Mädchen im Land, die noch am Leben sind, zu retten.«

Die Soldaten kamen. Scheherazade ging mit ihnen, und der Wesir machte keinen Versuch, sie aufzuhalten.

»Wo ist die Schöne?«, fragte der König, als man ihm Scheherazade brachte.

»Sie wartet darauf, dass Ihr ihr die Ehre erweist, mein König«, sagte Scheherazade und kniete vor ihm nieder. »Doch ich flehe Euch an, heiratet erst mich.«

Dem König war es gleich. Er würde ihre Schwester nehmen, sobald Scheherazade tot war.

Scheherazade lag beim König. Die Nacht war heiß. Der König konnte nicht schlafen. Und Scheherazade hatte Angst vor dem Morgen, wohl wissend, dass bei Sonnenaufgang der Tod auf sie wartete. Es sei denn, sie fand einen Weg, den Tod zu überlisten. *Etwas* musste sie doch gelernt haben, das ihr das Leben retten konnte. Doch ihr fiel nichts ein. Und während der König noch schlief, sah sie schon das Licht im Osten.

Der König erwachte. Er öffnete den Mund, um die Wache zu rufen. Doch da fing Scheherazade zu sprechen an. »Es war einmal, oh großer König, ein weit entferntes Land. Dort lebten ...«

Sie verwebte die Worte wie Fäden im Stoff, eines nach dem anderen, dicht und leuchtend.

Der König war begeistert.

Und bald ging die Sonne wieder unter. Doch Scheherazade war mit ihrer Geschichte noch nicht fertig. Dem König dürstete nun nach der Geschichte wie nach Wein, es war wie sein Hunger nach Gold. Er flehte sie an, die Geschichte zu Ende zu erzählen.

»Aber«, sagte sie, »ich habe keine Zeit mehr.«

Der König befahl: »Erzähl die Geschichte zu Ende oder stirb.«

Scheherazade sagte: »Aber wenn ich die Geschichte zu Ende erzählt habe, wirst du mich ohnehin töten.«

Also gab er ihr einen Tag mehr.

»Und hat sie die Geschichte wirklich zu Ende erzählt?«, fragte ich.

»Die kleine Geschichte war Teil einer großen Geschichte, so wie ein Tropfen *Aman* ein Teil vom Meer ist. So rettet Scheherazade ihr Leben.«

»Und was für eine Geschichte hat Scheherazade erzählt?«, Ich bettelte wie der König.

»*Je suis fatiguée*[12]«, sagte Aya. »Ich erzähle morgen.«

Sie hob das Kinn von ihren Knien und glitt geschmeidig auf

[12] *Ich bin müde.*

den Boden des Boots, schob mich zur Seite, legte sich hin und bettete den Kopf auf ihren Umhang.

»Du kannst jetzt nicht aufhören«, sagte ich.

»Doch. Ich bin wie Scheherazade. Ha!«

Ayas Atem wurde regelmäßiger, sie schlief ein und überließ mich mir selbst. Als sie die Geschichte erzählt hatte, war sie voller Leben gewesen. Sie war nicht einfach Aya gewesen oder allein Scheherazade. Sie war auch der König gewesen, der die Fäuste ballte, fauchte und Grimassen schnitt. Sie war die Braut gewesen, verängstigt und auf der Flucht.

Wir hatten unser Essen gegessen und Wasser getrunken und ich hatte eine Geschichte gehört. Es war, als hätte ich mich daran betrunken.

Kopf an Fuß lag ich neben Aya. Der Hunger kehrte zurück und zehrte an meinen Eingeweiden. Durst kratzte in meiner Kehle. Die Haut auf meinen Armen schmerzte vom Sonnenbrand.

Um mich abzulenken, versuchte ich, an die Geschichte zu denken. Aber es funktionierte nicht. All die schlimmen Dinge aus Pandoras Vase kehrten zurück und quälten mich. Der verhasste Hunger, der verhasste Durst, die Erschöpfung. Ich zählte Sterne, bis auch ich endlich einschlief.

11

Ayas Schrei riss mich aus dem Schlaf.
»Ala!«

Sie schlief, stöhnte aber.

Sie hob eine Hand und schrie wieder: »Ala!«

»Es ist gut«, flüsterte ich.

Für eine Weile beruhigte sie sich. Aber dann: »Ala!«, als hätte sie Schmerzen.

Sie schluchzte im Schlaf, murmelte Worte, die ich nicht verstand. Ich packte sie an den Schultern und schüttelte sie.

»Wach auf.«

Sie riss die Augen auf, Schreckliches im Blick. »*Non*«, sagte sie, »*non*.«

Sie packte meinen Arm und bohrte ihre Nägel hinein und klammerte sich fest, als wäre ich eine Leiter, über die sie aus ihrem Albtraum klettern könnte.

»Es ist nur ein Traum«, sagte ich.

Dann erkannte sie mich und kam langsam zu sich. Sie entzog ihre Schultern meinem Griff.

»Alles in Ordnung mit dir?«, fragte ich.

»*Oui*.« Sie seufzte. Ich gab ihr Wasser. Sie zog den Umhang über sich und rollte sich zusammen.

Ich war in einen leichten Schlaf gefallen, lauschte dem Wind. Das Boot schaukelte sanft.

Ich hörte ein Scharren und öffnete meine Augen einen Spalt. Aya hatte sich aufgesetzt und beobachtete mich.

Ich atmete regelmäßig, damit es so aussah, als würde ich schlafen.

Sie betrachtete mich eine Weile, dann glitt sie leise wie eine Katze im Dunkeln zum Stauraum hinüber.

Sie behielt mich weiter im Auge. Ich riskierte einen Blick durch meine fast geschlossenen Lider.

Aya hatte sich hingekniet, betrachtete etwas in ihrem Schoß. Bunte Perlen erhellten ihr Gesicht wie winzige Fackeln. Das Blau der See, das Purpur der Nacht, das Gelb der Sonne.

Sie bewegte die Hände, und was immer sie hielt, klimperte leise, weiß und glitzrig, winzig zwischen Finger und Daumen. Sie hielt es gegen den Mond und starrte es an. Dann legte sie es zurück und nahm sich etwas anderes. Wellen aus Grün glitten über ihr Gesicht.

Schließlich wickelte sie die Steine wieder ein, legte sie zurück in den Stauraum und streckte sich aus.

Ich lag wach, sah den Wolkenfetzen zu, lauschte dem schwachen, willkommenen Wind. Überlegte.

Je m'appelle Aya.[13] Ein Geheimnis, nun gut. Geheimnisse hütete sie also auch.

Ich wachte vor ihr auf. Ich klappte mein Notizbuch auf, das schimmernde Licht aus dem Osten reichte zum Sehen.

[13] *Ich heiße Aya.*

TAG 7

*Was hat Aya da angeguckt? Was ist ihr Geheimnis? Oder
hat sie mehr als eins?*
Und was immer es ist, was kann das jetzt bedeuten?
Wir haben nur noch wenige Dosen übrig.

»Du hast in der Nacht geschrien«, sagte ich, als sie aufwachte.
»Ein Albtraum.«

»Ja. Ich bin okay. Es ist ein neuer Tag«, sagte Aya.

Wir sahen zu, wie die Sterne im Morgenlicht schmolzen.

»Sie sind wie winzige Diamanten«, murmelte ich.

Wir betrachteten weiter den Himmel. Denn das tut man,
wenn man auf dem Meer ist und die Stunden sich vor einem
ausdehnen. Man sitzt da, zählt Sterne, nimmt die Schattierun-
gen des Lichts wahr, als hätte man sie nie zuvor bemerkt. Die
kalte Nacht wird im Osten rubinrot, dann füllt das klare, ruhige
Blau des Tages den Himmel.

»Es ist wunderschön«, sagte ich.

»Wir danken Allah für jeden Tag.«

Danach sprachen wir lange nicht. Ich war in Gedanken
versunken, schaute in die Endlosigkeit über und unter mir.
Das Boot wirkte winzig. Als würde es schrumpfen. Und wir
schrumpften mit.

»Nur noch der Morgenstern«, sagte Aya.

Da *war* ein Stern. Nahe der aufgehenden Sonne. Er hing stör-
risch am Rand des Himmels und gab sein Licht nicht auf.

Wir saßen da und warteten auf Flugzeuge und Schiffe, die
nicht kamen. Sie stellte mir Fragen über England und mein Leben, fragte nach Sachen, die sie wissen wollte, zum Beispiel,
wie kalt es im Winter dort wurde.

Zuvor war es mir schwergefallen, über solche Sachen zu reden. Jetzt tat ich es. Über sie zu sprechen, holte sie in die Wirklichkeit zurück.

Ich erzählte ihr von Weihnachtsbäumen. Sie fand das komisch. Ich zählte das komplette Weihnachtsessen auf. Süße Qual.

Sie fragte nach der Bedeutung von manchen Wörtern. Oder sie beschrieb etwas und fragte mich, was das englische Wort dafür war. Sie wiederholte die Wörter geduldig und schrieb sich einige auf. Ihr Englisch wurde mit jedem Tag, jeder Stunde besser.

Ich hatte von der Berbersprache noch immer keine Ahnung. Sie war schneller als ich. »Was wirst du tun«, fragte ich, »wenn wir gerettet werden?« Es schien mir ein guter Weg, sie dazu zu bringen, etwas mehr davon zu erzählen, wo sie herkam und was sie eigentlich auf einem Boot mitten im Atlantik machte. Sie hatte nie viele Worte darüber verloren, aber ich ging davon aus, dass sie ein Flüchtling war.

»Ich weiß nicht. Vielleicht ...« Sie biss sich auf die Lippe und runzelte die Stirn. Sie sah mich prüfend an, als wollte sie herausfinden, was sie mir erzählen, ob sie mir vertrauen konnte. »Vielleicht gehe ich nach Hause. Ich will Sakkina sehen.«

»Aber du bist doch von zu Hause gekommen, oder nicht? Warst du nicht deshalb auf deinem Boot?«

»Nein, es ist *an-ders*.«

»Warum?«

Sie antwortete nicht.

Eine Stunde lang redeten wir nicht, dann begann unsere morgendliche Routine. Wir bauten den *Aman*-Macher und das Zelt auf.

»Eben, das war Morgenstern«, sagte sie, während sie den Umhang über das Ruder drapierte. »Dieb des Lichts. Warum Morgenstern leuchtet, weißt du?«

»Erzähl es mir.«

»Später, ja? Ich erzähle die Geschichte.«

12

TAG 8

4 Dosen.Von nun an eine pro Tag.

Ich nehme an, ich schreibe jetzt besser den Brief.

Liebe Mum und lieber Dad,

*das wird euch verrückt vorkommen, aber das Schlimmste
ist, zu wissen, dass ihr euch Sorgen um mich macht,
während es mir eigentlich gut geht.*

Na ja, vielleicht nicht gut.

*Es ist mehr als eine Woche. Ich weiß, dass ihr da draußen
seid, irgendwo, und ich weiß, dass ihr wartet. Jeden Tag auf
Nachrichten wartet.*

*Und ich wünschte, ihr wüsstet von mir. Dass ich euch
irgendeine Art Nachricht schicken könnte. Gar nicht mal,
damit ihr mich findet, nur damit ihr wisst, dass ich hier bin.*

*Ich lebe! Atme, esse, trinke, verbrenne in der Sonne. Denke
an euch und an zu Hause. Lausche Ayas Geschichten.*

Vielleicht lernt ihr sie eines Tages kennen.

Ich musste aufhören. Sie würden Aya nur kennenlernen,
wenn wir gerettet würden. Aber dieser Brief war für den Fall
gedacht, dass sie uns nicht fanden. Jedenfalls nicht lebendig.

Ich konnte nicht mehr weiterschreiben. Ich klappte das Heft
zu und saß bloß da, wappnete mich gegen die Hitze.

Ich wollte schwimmen. Wir beide wollten das. Wir hielten
nach dem Schatten Ausschau, viele Male. Wir überzeugten uns

davon, dass er nicht da war, machten uns zum Schwimmen fertig, überzeugten uns dann davon, dass er *da war,* und blieben sitzen, litten, sehnten uns nach der Kühle des Wassers.

Aber nach Stunden fragte ich mich: Was hatte ich da überhaupt gesehen? Wahrscheinlich einen Felsen oder einen großen Fisch. Obendrein war es weit weg gewesen, ich hatte gar nichts erkennen können.

»Es hätte alles sein können«, sagte ich.

Also riss ich mich zusammen und ging schwimmen. Es war herrlich. Momente der Freiheit im kristallklaren Meer.

Ich blieb nahe beim Boot und watete durch das Wasser. Ich war schwach. Es fiel mir schwer, wieder ins Boot zu klettern.

Aya ging auch schwimmen.

Als sie im Wasser war, durchsuchte ich den Stauraum. Ich tat so, als hätte ich mit den Flaschen und Dosen zu schaffen.

Da war kein Päckchen. Keine Edelsteine.

Waren es überhaupt Edelsteine gewesen? Vielleicht hatte ich ja nur geträumt. Vielleicht hatte ich es mir eingebildet, so wie ich mir den Hai eingebildet hatte. Vermutlich standen die Chancen gut, dass mein Verstand mir Streiche spielte.

Nein, sagte ich mir. *Ich habe mir das nicht eingebildet.* Wo also war, was ich gesehen hatte?

Wir aßen das letzte Obst, abgesehen von den Zitronen. Ich sah ein winziges wespenartiges Ding herumfliegen. Schmal, schwarz und gelb gestreift. Es musste im Obst gewesen sein.

Es fand die Wasserflasche. Es schwebte in der Luft, dann landete es auf dem Flaschenhals.

Ich wollte es totschlagen. Ich wollte nicht gestochen werden und schon gar nicht, dass sich der Stich entzündete. Aber dann bemerkte ich, dass das Insekt leicht hin und her schwang. Es

war eine winzige Bewegung. Es trank von einem Wassertrop-
fen.

Ich begutachtete es aus unmittelbarer Nähe, mein Auge direkt über ihm. Es rührte sich nicht vom Fleck.

Seine Flügel hatten Adern. Es hatte große Augen und winzige Fühler auf dem Kopf.

Es war wunderschön. Ich wollte es nicht töten.

13

Es war so groß wie das Boot und wand sich langsam in S-Bögen unter uns.

»Was ist das?«, keuchte ich. Die Angst schoss wie ein Stromschlag durch meinen Kopf.

Es verharrte plötzlich regungslos. Es wartete, als wäre ihm bewusst, dass wir es gesehen hatten. Dann setzte es sich wieder in Bewegung. Der Wind kräuselte das Meer, der Schatten wogte und dehnte sich. Er war verschwommen, aber da.

»Hai?«, sagte ich. »Wal?«

Was immer es war, es war groß genug, das Boot zu zertrümmern.

Ich nahm das Ruder und paddelte vorsichtig, tauchte das flache Ende kaum ins Wasser, für den Fall, dass das Ding hochkam und es mir entreißen würde.

»Was ist das?«, flüsterte Aya.

»Ein Hai würde sich schneller bewegen«, keuchte ich. »Ein Wal würde auftauchen, um zu atmen. Ich kann nur einen Schatten sehen, der sich genauso schnell bewegt und in derselben Richtung ...« Ich sah zur Sonne hinauf, hinab dorthin, wo *es* lauerte, dann wieder zur Sonne. Ich legte das Ruder beiseite, lehnte mich zurück und lachte.

»Was ist?«, fragte Aya alarmiert.

»Es ist unser Schatten. Vielleicht sind wir in flachem Wasser. Wir fürchten uns vor unserem eigenen Schatten.«

Aya sah lange ins Wasser.

»*Oui.* Ja. Ha.«

Erleichterung überspülte mich. Ich lachte wieder, ich konnte gar nicht aufhören. Aya lachte mit.

Doch als unser Lachen verklang, fühlte ich mich leer. Weil ich – seltsamerweise – enttäuscht war. Sehr sogar. Was immer es gewesen sein könnte, es hätte gelebt. Es wäre Leben gewesen.

»Kein Schatten«, rief Aya. »Schau.«

Es kam schnell hoch. Mein Magen krampfte sich zusammen. Ich nahm das Ruder und hielt es wie einen Schläger.

Es durchbrach die Wasseroberfläche.

Aya schlug die Hand vor den Mund und stöhnte. »Aaah.«

Ich brauchte lange Sekunden, um zu begreifen und den Schock zu überwinden.

Eine Schildkröte, einen Meter lang. Aber am Ende doch nicht so groß wie das Boot.

Ihr Dinosaurierkopf wippte auf und ab. Ihr horniges Maul klaffte auf und schloss sich wieder. Ihr Panzer war gesprenkelt, schmutzig grün und schwarz. In der Tiefe war sie ein Schatten gewesen. So sehr hatte sie sich an ein Leben im Meer angepasst.

Ich legte das Ruder nieder und beobachtete, wie sie neben uns schwamm. Ich traute mich kaum, mich zu bewegen, damit ich sie nicht verscheuchte. Nach Tagen in der blauen Wüste kam sie mir wie ein Wunder vor.

»Sie überholt uns nicht«, sagte ich. »Das heißt, wir treiben.«

Die Schildkröte schwamm stetig neben uns. Wir trieben mit einer Strömung, von der wir nicht mal gewusst hatten, dass es sie gab.

Ich überprüfte den Stand der Sonne. Steil über uns.

»Na ja«, sagte ich, »wo immer es uns hintreibt, Mister Schildkröte ist bei uns. He, Mister Schildkröte.« Wagemutig streckte ich eine Hand aus und versuchte, die Schildkröte zu streicheln. Aber sie brachte sich mit einem leichten Schlenker außer Reichweite.

Aya beobachtete sie mit einem stechenden Blick, die Stirn in tiefe Falten gelegt.

»Irre, oder?«, sagte ich.

Sie nickte. Dann ging sie zum Stauraum und holte die Angelschnur hervor. Sie nahm das Messer vom *Aman*-Macher. Sie schnitt den Haken von der Schnur und gab ihn mir. Ich wickelte ihn in ein Stück Papier aus dem Notizbuch und steckte ihn in die Tasche.

»Was hast du vor?«, fragte ich.

»Du siehst.«

Sie wickelte die Schnur ein gutes Stück von der Spule, knüpfte eine Schlinge daraus und zog die Spule durch, sodass sie ein Lasso hatte. Sie reichte mir die Schlinge und wand das Ende der Spule um das Ruder. Dann tauschten wir. Sie saß auf der Bank, schwang die Beine über den Bootsrand und glitt ins Wasser. Die Schildkröte verschwand.

»Du machst ihr Angst«, sagte ich. Aber ein paar Sekunden später tauchte sie am Bug wieder auf.

Aya schwamm zu ihr hinüber. Die Schildköte tauchte wieder. Dann kam sie auf der anderen Seite des Bootes wieder hoch.

Das Spiel ging eine ganze Weile so. Aya versuchte, näher zu kommen, die Schildkröte entwischte.

»Was *machst* du da?«, fragte ich.

Sie legte den Finger an die Lippen.

Die Schildkröte tauchte hinter uns auf und schwamm auf einmal neben Aya. Es war wunderschön anzusehen. Die fließenden Bewegungen von Ayas Armen und Beinen, die Flossen der Schildkröte, die sie langsam vorantrieben. Die beiden im Takt.Minute für Minute gewann Aya ihr Vertrauen.

»Willst du sie fangen?«, fragte ich. Sie schwamm genau neben die Schildkröte, ihre Hand auf Kopfhöhe, dann raste Aya plötzlich los und zog dabei die Schlinge fest. Die Schnur verhakte sich an Kopf und Flossen.

Die Schildkröte ruckte mit dem Kopf, um sich zu befreien. Sie tauchte ab.

»Zieh«, sagte Aya.

»Nein. Das gefällt mir nicht.« Ein gutes Stück Schnur wurde abgewickelt und glitt aus dem Boot. Ich packte das Ruder, damit es nicht hinabgezogen wurde.

Aya kam zum Boot, und ich half ihr hineinzuklettern, das Ruder in der Hand. Die Leine spannte sich. Die Schildkröte versuchte zu entkommen.

»Wir sollten sie freilassen«, sagte ich.

»Nein.«

»Warum?«

Sie nahm mir das Ruder ab und begann die Schnur einzuholen, Zug um Zug, bis sie straff gespannt war, dann beugte sie sich vor, sodass die Schnur durchhing, und drehte das Ruder. Die Schnur wickelte sich auf. Sie tat es wieder und wieder. Sie keuchte.

»Warum?«, sagte ich noch einmal.

»Essen.«

Ich brauchte ein paar Sekunden, um zu begreifen.

»Was?«

»Ich sage Essen.«

»Aya, wir werden sie nicht töten!« Ich griff nach dem Ruder, damit sie die Schildkröte nicht näher heranziehen konnte.

Wir starrten einander an. Aya riss am Ruder. Ich hielt dagegen. Sie verzog das Gesicht. Sie war stur, aber ich war stärker. Die Schildkröte war auch stark und zog das Ruder Richtung Meer. Es war ein Tauziehen zu dritt.

»Nein«, sagte ich.

»*Oui*.«

Mit jedem Mal, wenn sie daran zog, hielt ich das Ruder fester. Totales Patt.

Sie bückte sich und grub ihre Zähne in mein Handgelenk.

»Autsch!« Ich ließ los. Sie holte wieder Schnur ein. Ich schnappte mir das Messer, griff mit der anderen Hand nach der Schnur.

»Ha!«, sagte ich. »Schau her!« Ich hielt die Klinge an die Schnur, bereit, sie zu durchtrennen.

»Du willst sterben?«, sagte sie. »Du willst sterben, weil wir kein Essen haben?«

Ich *wollte* die Schnur durchschneiden. Ich versuchte es, aber meine Hand gehorchte nicht.

»Wir werden essen«, sagte sie. »Wie eine Ziege, wie ein Schaf.« Die Schildkröte zog an der Schnur. Sie schnitt in meine Haut. Ich hielt wieder das Messer daran. Es war nicht schwer. Ich musste es nur tun.

»Wir haben Essen«, sagte ich. »Ein bisschen. Und bald werden wir gerettet.«

»Wir haben bald kein Essen. Du willst sterben?«, flüsterte sie.

»Ich. Werde. Die. Schildkröte. NICHT töten und roh essen. Verstehst du? Wir werden bald gerettet ... und ...« Meine Stimme klang heiser und angestrengt. Meine Hände zitterten.

»Nein«, sagte Aya. »Keine Rettung. Essen oder sterben. Entscheide. Allah hat uns gegeben.«

Ich ließ das Messer los und auch die Schnur. Ich sank auf den Boden, den Kopf in den Händen, auf einmal furchtbar erschöpft.

Ich hasste mich dafür, dass ich das Messer fallen gelassen hatte. Ich hasste auch Aya. Dafür, dass sie recht hatte.

Ich sah zu, wie Aya kämpfte.

Zehn Minuten? Zwanzig? An diesem Ort zählte die Zeit nicht.

Wenn ich wollte, dass die Schildkröte freikam, musste ich bloß warten. Aya hatte nicht genug Kraft. Aber ihr bei ihrem Kampf zuzusehen, kam mir fast genauso grausam vor wie das, was sie der Schildkröte antat.

Ihre Augen traten hervor. Ihr Arme zitterten. Über jeder Handbreit Schnur, die sie einholte, ächzte und keuchte sie.

Ich riss mich zusammen. Ich nahm ihr das Ruder ab.

Sie sank im Bug zusammen und atmete schwer. Schweiß rann ihr wie Regen über das Gesicht.

Ich machte es so, wie sie es gemacht hatte, riss das Ruder heftig zurück, beugte mich dann vor, damit die Schnur durchhing, und drehte das Ruder, um mehr Schnur aufzuwickeln.

Stück für Stück brachte ich sie ein, bis ich den Schatten sah und dann die Schildkröte.

Als sie neben dem Boot war, gab ich Aya das Ruder und sprang ins Wasser. Ich tauchte und drückte die Schildkröte nach oben, immer ihre Krallen meidend. Aya bekam ihren Panzer zu fassen und zog.

Wir schnaubten und stöhnten vor Anstrengung. Mit einem dumpfen Schlag landete die Schildkröte im Boot.

Aya half mir ins Boot. Die Schildkröte lag auf dem Rücken, ihre Flossen zuckten. Wir knieten uns hin, die Schildkröte zwischen uns. Es war eine fantastische Kreatur gewesen. Ein Freund, dachte ich. Jetzt war sie etwas anderes.

»Wäre es doch bloß ein Fisch«, sagte ich.

Aya hielt das Messer an der Klinge, der Griff zeigte auf mich.

»Ich habe höchstens mal eine Fliege getötet«, sagte ich. »Ich kann das nicht.«

»Ich habe Ziegen sterben sehen«, sagte sie. »Viele.«

Sie fischte eine leere Dose aus dem Stauraum und hielt sie der Schildkröte vors Maul. Die Schildkröte verbiss sich in den Rand, fest. Aya zog an der Dose, sodass sich der Schildkröten-hals streckte, dann hielt sie das Messer ans Fleisch.

Ich wandte mich ab. Ich hörte den Schnitt. Es war *genau* das Geräusch, das Aya gemacht hatte, als sie von der Hinrichtung der Braut erzählt hatte.

Etwas *ploppte* ins Wasser.

»Entschuldigung, Schildkröte«, sagte ich und musste würgen.

Ich hörte etwas poltern und Aya atmete schwer. Ich sah hin. Sie hatte die Schildkröte auf die Bordkante gestemmt, hielt sie dort leicht geneigt fest, sodass das Blut aus dem Kadaver wie aus einem Hahn lief. Im Wasser verwandelte es sich in rote Wolken.

»Hilf jetzt«, sagte Aya.

Und das tat ich.

Wir stopften Innereien in Dosen, als Köder.

Wir stopften Fleischstücke in Dosen mit Zitronensaft.

Wir stopften Fleisch in Dosen mit Salz.

Wir legten dünne Streifen Fleisch zum Trocknen aus.

Als wir mit der Fleischerarbeit fertig waren, schnitt sie ein Stück Stoff aus ihrem Umhang. Ich tränkte es in Seewasser, und wir fingen an, das Blut wegzuwischen. Es war überall. Wir waren Mörder, die ihr Verbrechen vertuschten.

Ich wollte das Blut nicht ins Meer schütten. Aber wir hatten keine Wahl.

Ich paddelte uns weg.

Aya ließ sich den Haken geben und fädelte die Schnur wieder ein. Mit dem Messer knickte sie den Deckel einer Dose – vorsichtig, um sich nicht zu schneiden – und faltete ihn. Dann wickelte sie die Schnur darum fest.

»Die Fische denken, da ist noch ein Fisch, und jagen«, sagte sie. Der Deckel war auch ein gutes Gewicht.

Sie wickelte das andere Ende der Schnur um das Ruder. Dann nahm sie ein kleines Stück Schildkrötenfleisch und spießte es auf den Haken.

»Für den Fisch«, sagte sie und warf die Angel aus.

Ich nahm die Sitzplanke als Paddel. Der Deckelköder wirbelte durchs Wasser. Langsam gab Aya Schnur ... holte sie ein, gab Schnur, holte sie ein, wieder und wieder, sodass die Schnur nie still stand.

Wir warteten. Doch nichts geschah. Schließlich ließen wir die Schnur einfach ins Wasser hängen.

»Abend ist besser«, sagte Aya.

Mit dem Messer säuberten wir den Panzer, kratzten die dörrenden Schildkrötenreste ab. Es war viel Arbeit, ihn ganz sauber zu kriegen, aber uns war klar, dass er ein guter Wasserbehälter war.

Der Abend kam.

Aya holte eine der Dose mit zerhackter Schildkröte in Zitronensaft aus dem Stauraum. Sie nahm ein Stückchen heraus und hielt es mir hin.

Ich nahm es. Es war wie Zauberei. Das Fleisch war grau und braun, als hätte es jemand gekocht. Aya steckte sich ein Stück in den Mund. Dann noch eines. Der Saft lief ihr über das Kinn. Sie wischte ihn ab und leckte sich die Finger.

Es sah schrecklich aus. Aber mir lief das Wasser im Mund zusammen.

Ich aß das Stückchen, das sie mir gegeben hatte. Schmeckte Salz und Zitrone und kaute das Fleisch. Es schmeckte wie Thunfisch und Kalb. Am Anfang war es ein bisschen schwer zu kauen, aber dann schmolz es fast.

Ich hatte noch nie etwas so Leckeres gegessen. Ich lutschte das Leben darin und sog es in mein Fleisch und meine Knochen.

Wir aßen mehr. Wir aßen viel.

Als es dunkel wurde, biss ein Fisch an.

Wir benutzen wieder das Ruder. Arbeiteten schnell und zogen ihn an die Wasseroberfläche. Der Fisch war dick und silbern, länger als mein Fuß.

Als er über der Wasseroberfläche war, beugte ich mich mit dem Schildkrötenpanzer über ihn. Aya dirigierte ihn mit der Schnur in den Panzer.

Wir hoben den Panzer an Bord und holten den Fisch raus.

Er zappelte und wand sich. Immer wieder entkam er unserem Griff. Es brauchte uns beide, ihn zu Boden zu drücken. Sein Maul ging auf und zu. Er wand sich immer noch. Er war groß.

»Das Messer«, sagte Aya.

»Was hast du vor?«

»Ich stecke das Messer hier«, sie zeigte auf die Kiemen, »und in den Kopf.«

»Ich mache das«, sagte ich.

Und ich tat es. Ich fühlte mich nicht gut dabei. Ich fühlte mich auch nicht schlecht. Es war eine ernste Sache. Und ich war dankbar. Die Schildkröte und der Fisch waren Gaben.

Wir nahmen den Fisch aus. Wir entschuppten und salzten ihn.

Keine Mörder mehr. Jäger.

»Ich hätte nicht gedacht, dass ich rohe Schildkröte essen kann«, sagte ich.

»Schildkröte, Fisch, Fleisch. Ist alles Leben«, sagte sie.

»Ja, schon. Ich bin auch kein Vegetarier oder so. Es ist nur … na ja, anders, oder nicht?«

»Du tötest für Leben. Du kannst. Jeder kann. Mann, Frau, Kind.«

»Ich weiß. Ich hätte nur nicht gedacht, dass ich das jemals tun müsste.«

»Du weißt vieles nicht. Gibt viele Sachen, die du tust für Leben.«

»Wie Scheherazade?«

»Ja.«

»Wie du?«

Aya spießte ein Stück Innerei auf den Haken und warf die Schnur wieder ins Wasser. Der Köder schimmerte, während er sank. Sie hockte da, gab Schnur und holte sie ein und dann dasselbe wieder von vorn.

»Du hast nicht viel erzählt, will ich damit nur sagen. Von dir und was auf dem Boot geschehen ist. Und vorher.«

Immer, wenn wir uns ein bisschen annäherten, jedes Mal, wenn wir okay miteinander waren, fing ich mit dieser Fragerei an. Und dann waren wir immer wieder gleich wie Fremde. »Warum erzählst du nichts davon? Ist es zu schwer? Was ist zu schwer?«, sagte ich laut und dachte im Stillen: *Gib mir doch einen einzigen Hinweis, irgendeinen.* »Vertraust du mir nicht, Aya?«

»Ja, Bill. Aber du musst *mir* vertrauen.«

Ich hatte so viele Fragen. Aber sie hatte diese Art, mich auszuschließen.

Es wurde dunkel und wir ließen das Fischen sein. Das Essen gab uns Leben. Ich fühlte mich stärker, besser. Mir lief schon wieder das Wasser im Mund zusammen. Wir aßen etwas. Einen Leckerbissen.

»Was heute Morgen noch unmöglich war, ist jetzt normal«, sagte ich. »Die Dinge verändern sich schnell hier draußen.«

14

TAG 11
Nach heute keine Dosen mehr.
Ich werde den Brief zu Ende schreiben.
Morgen.
Oder vielleicht übermorgen.
Nach dieser Dose haben wir nur noch Schildkröte und Fisch
zu essen.
Es ist nicht genug.
Ich will nicht sterben.

Die Hoffnung war gewichen, die Sonne hatte sie uns aus dem Leib geprügelt.

Es ging nicht mehr um Rettung. Es ging ums Überleben. Vorher hatten wir Hunger gehabt, jetzt verhungerten wir.

Wir aßen die letzte Dose (Pfirsiche) auf und viel Schildkröte und Fisch gab es nicht. Der Hunger aß mich, schmerzte in meinen Knochen und Eingeweiden, machte mich schwach und wirr.

Der Fisch in Zitrone und Salz hielt sich in der Hitze nicht.

Ich versuchte, Aya zum Reden zu bringen. Wo sie herkam, was auf dem Boot passiert war. Aber sie wollte nicht. Vielleicht war, was ihr widerfahren war, einfach noch zu frisch, zu roh.

Sie hatte Albträume. Wahnsinnig viele. Sie rollte mit dem Rücken gegen mich. Sie trat um sich, sie stöhnte. Ich setzte mich dann auf und weckte sie. Sie packte meinen Arm und meine Hand und hielt mich fest.

Einmal versuchte ich, sie zu umarmen. Erst streckte sie mir die Arme entgegen, dann stieß sie mich weg, als hätte sie es gewollt, es sich dann aber anders überlegt.

Wir wachten vor der Morgendämmerung auf und beobachteten den letzten Stern, bevor das Licht der Sonne ihn verschlang.

»Der Morgenstern«, sagte ich.

»Ja.«

»Eine Geschichte. Hast du neulich gesagt.«

Ein Wink mit dem Zaunpfahl. Ich wollte dem Tag entfliehen, dem Hunger und der sengenden Sonne, die er brachte.

»Hättest du ...? Ich meine, vielleicht ...«

»Non. Psst.« Sie hob die Hand und sah zum Horizont, als bewahrte das Meer die Erinnerung an diese Geschichte und sie müsste sie erst beschwören.

»Die Sonne kommt. Wir müssen uns verstecken und ich erzähle«, sagte sie.

Wir saßen im Zelt ihres Umhangs. Ayas Stimme schwebte, malte einen Wachtraum aus.

Sie wusste jetzt die meisten Worte, die sie brauchte. Nach einigen fragte sie, erriet sie, übersetzte sie und verwob sie dann. In meiner Erinnerung ist ihre Geschichte ein einziger Strom.

»Scheherazade lebte viele Tage, sie erzählte viele Geschichten, viele Stunden.

Eines Abends sagt der König: ›Warum muss es Morgen werden? Deine Worte sind Sterne, die im Licht verblassen.‹

›Herr‹, sagte sie, ›ich *erzähle* dir, warum es Morgen werden muss. Und warum der Morgenstern leuchtet.‹

Und sie erzählte ihm die Geschichte von Lunja ...«

DIE DIEBIN DES LICHTS

E s war einmal eine Stadt unter dem Himmel, in der lebte eine Diebin, ein Mädchen, das Lunja hieß. Sie hatte kein Zuhause und keine Familie. Sie schlief wie die Hunde in Scheunen. Sie lebte von Brot, das sie stahl, und von Fleischabfällen, die nur für die Fliegen gut waren. Sie war eine ausgezeichnete Diebin und eine schlaue dazu, aber nie zu gierig! Denn jenseits der Stadtmauern säumten die aufgespießten Köpfe gieriger Diebe die Straße wie Bäume.

Lunja besaß nur eines – einen Rubin, groß wie ein Auge und rot wie Feuer. Der Stein hatte einen Namen. Feuerherz.

Feuerherz hing an einer Kette um ihren Hals, unter ihrer zerlumpten Kleidung.

So wie dein Beutel Juwelen, Aya?, dachte ich. Die Edelsteine, die ich gesehen hatte. Oder geträumt.

Ein Sultan hatte vor einigen Jahren die Stadt eingenommen und ihren wahren Herrscher ermordet. Seine Frau entkam den Männern des Sultans und ihre Tochter wurde nie gefunden.

Der Sultan wurde von den Steuern fett. An seinem Hof wurden Gelage gefeiert, seine Paläste füllten sich mit Seide und Gewürzen und Statuen aus Gold und vielen anderen Dingen, die den Reichen gefallen.

Juwelen liebte er mehr als alles andere. Diamanten, Rubine, Lapislazuli und Perlen.

Seine Truhen waren übervoll. Aber der Sultan konnte nie genug kriegen. Wie Lunja war er ein Dieb, aber niemand konnte *seinen* Kopf aufspießen.

Eines Tages sagte er zu seinen Leuten: »Ich habe die schönsten Halsketten und Kronen, die herrlichsten Edelsteine. Kein Mann ist reicher als ich.«

Aber am Hof war ein Wesir, der sagte: »Aber weiser Sultan, den großen Rubin habt Ihr nicht.«

»Welchen Rubin?«, fragte der Sultan.

»Er ist das strahlendste Juwel, das Allah je geschaffen hat. Er gehörte der Frau des alten Herrschers.«

»Warum hat mir niemand davon erzählt? Nun, jetzt ist er verloren!«, sagte der Sultan. Und er versuchte, nicht mehr daran zu denken. Aber die Geschichte von dem Rubin war wie ein Samenkorn in seinem Kopf. Es wuchs und wuchs, bis es ihn erstickte.

Er träumte von dem großen Rubin. Er versuchte sich zu zerstreuen, indem er die Steine und Pokale und Tafeln und Ringe aus glänzendem Metall bewunderte, die ihm und nur ihm allein gehörten. Doch langsam, von Tag zu Tag, wurde der Schatz des Sultans vor seinen Augen zu Blech oder angemaltem Glas. Er träumte allein von dem Rubin und in seinen Träumen war der Stein größer als ein Auge und loderte heftiger als jedes Feuer. Beinahe glühte er so wie die Sonne.

Der Sultan erließ ein Gesetz. Jeder musste seine Edelsteine abgeben oder er wurde hingerichtet. So wollte sich der Sultan den großen Rubin beschaffen und alle übrigen Schätze im Land.

Die Goldschmiede machten sich an ihre schreckliche Arbeit.

Viele Tage lang brachen sie kostbare Steine aus Tausenden von Halsketten und Ringen. Dann nähten die Schneider einen prachtvollen Umhang, übersät mit den Edelsteinen des Volkes.

Es hieß, der Sultan habe die Sterne und die Sonne und den Mond und das Licht des Wassers und die Schuppen der Fische und das Gold des Sonnenuntergangs genommen und trage den Schatz der Welt in seinem Kleid. Mit seinem Umhang auf den Schultern stolzierte der Sultan durch die Straßen.

Der Umhang war so schwer, dass ein Dutzend Sklaven die Schleppe tragen mussten. Er glänzte so sehr, dass die Vorübergehenden den Blick zu Boden richten mussten. Der Sultan glaubte natürlich, das läge daran, dass er selbst ein großer Mann wäre. Und so wurde der Sultan als der Fürst der Sonne bekannt.

Je mehr der Fürst der Sonne sein Eigen nannte, desto ärmer wurden die Menschen. Doch er war noch immer nicht zufrieden. Er begehrte einzig den Rubin.

Und natürlich war es Lunja, die den Rubin besaß. Doch jetzt brachte ihr Schatz sie in größte Gefahr. Wie konnte sie den Rubin noch verkaufen? Wie konnte sie ihn noch jemandem zeigen?

Ihr Geheimnis wurde zu einem Fluch.

Eines Tages saß Lunja auf einem Dach, aß einen Pfirsich und beobachtete, wie der Obstverkäufer und seine Freunde unten auf der Straße wie tollwütige Hunde herumliefen. Sie sah ihnen zu und lachte.

Doch dann bog der Fürst der Sonne um die Ecke und der wütende Obstverkäufer rannte einfach in ihn hinein.

Der Fürst der Sonne war außer sich! Der Obstverkäufer kniete vor ihm nieder.

»Vergib uns, Herr, wir suchen einen Dieb.«

»Einen Dieb? Nun, in diese Richtung ist er nicht gelaufen.«

Und jemand in der Menge rief: »Der Dieb ist ein Mädchen.«
Die Soldaten lachten.

»Wo ist dieses Mädchen?«, fragte der Fürst der Sonne. »Sie hat dich zum Narren gehalten. Und kein Mädchen darf einen Mann zum Narren halten.«

Der Obstverkäufer verbeugte sich noch tiefer.

»Sie ist eine große Diebin, Herr. Sie kann alles stehlen. Kein Mann kann sie finden oder Schritt mit ihr halten.«

Lunja hörte das nur allzu gerne, doch sie wusste, der Obstverkäufer sagte das nur, um nicht dumm dazustehen.

Sie beugte sich ein Stück weiter vor, um besser hören zu können, was noch gesagt wurde.

Und in diesem Augenblick traf sie das Sonnenlicht im Rücken und ihr Schatten fiel auf das Gesicht des Fürsten der Sonne. Er blickte auf und sah den Rubin an Lunjas Hals.

»Bringt mir das Mädchen«, befahl er, »und den Edelstein, den sie trägt.«

Lunja war so gut wie in all den Geschichten, die über sie erzählt wurden. Sie war schnell und gewieft, aber hundert Soldaten konnte auch sie nicht entkommen.

Sich wie ein Schlange wehrend und windend, wurde sie zum Fürsten der Sonne gebracht. Sie entrissen ihr den Rubin und reichten ihn ihrem Herrscher. Voller Habgier musterte er den Stein, aber er traute ihm nicht. Der Rubin war wunderschön, aber er war nicht so strahlend wie der Rubin seiner Träume.

»Sag mir, Diebin«, fauchte der Sultan, »woher hast du diesen Stein? Verrate es mir, oder ich lasse deinen Kopf auf einen Spieß stecken!«

»Ich werde dir, oh Fürst der Sonne, die Geschichte von Feuerherz erzählen.«

Und dort auf der Straße, vor den Soldaten und Ladenbesitzern und dem Sultan, erzählte Lunja ihre Geschichte. Und ...

Aya seufzte, sie holte tief Luft. Eine Schweißperle lief ihr über die Stirn und tropfte von ihrer Nasespitze. »Ich bin ganz schwach. Ich kann nicht mehr erzählen. Es ist so heiß.«

Ich wollte nicht, dass sie aufhörte. Aber es fühlte sich so an, als könnte das Boot in Flammen aufgehen. Oder als könnten wir verdampfen, schwächer und schwächer werden, bis nichts mehr von uns übrig war.

»Okay«, sagte ich. »Ich nehme an, sie findet einen Weg, den Umhang zu stehlen. Richtig? Sie stiehlt die Juwelen?«

»Das willst du nicht wissen, Bill, bevor ich erzähle.« Aya neigte den Kopf.

Ich krabbelte aus dem Zelt in die Ofenhitze des Tages und nahm eine leere Flasche, die ich mit Meerwasser füllte. Wir gossen sie uns über den Kopf.

Ich überprüfte den *Aman*-Macher. Leerte ihn und entfernte das Salz.

Wir tranken noch etwas. Wir konnten nicht aufhören. Meine Zunge war wie Schleifpapier. Meine Glieder wie Blei.

Aya hatte gesagt, wir müssten für jeden Tag dankbar sein. Aber es fühlte sich nicht so an, als blieben wir am Leben. Eher, als würden wir langsam sterben, und das ist etwas anderes.

Wenigstens hatten wir Geschichten. Aber die konnte sie gerade nicht erzählen. Sogar dafür war es zu heiß.

Später, als es kühler wurde, sah sie mir zu, wie ich ihre Geschichte in das Notizbuch schrieb.

»Bill, dieses Buch. Wenn ein Boot kommt, Männer dürfen das nicht lesen. Keiner sieht das. Erzähl keinem von mir. Verstehst du? Es ist wichtig. Schwör.«

»Ich schreibe da nicht viel rein, ich habe nichts über dich geschrieben.« (Eine Lüge, ich hatte über sie geschrieben.) »Es sind bloß Listen. Dosen, die Zahl der Tage, eine grobe Berechnung der Strecke, die wir vielleicht zurückgelegt haben, sowas ...«

»Schwör!«

»Okay, ich schwöre.«

»Hier.« Sie nahm das Messer vom *Aman*-Macher und stach sich in die Fingerspitze. Ein runder Rubin aus Blut erschien. Sie presste sich den blutenden Finger ans Herz. »Genau so.«

»Vertrau mir. Ich werde nichts erzählen, was du nicht möchtest.«

»Nicht nur sagen. Schwören!« Sie gab mir das Messer.

Ich dachte: *Wenn ich das mache, vertraut sie mir vielleicht ein bisschen mehr.* Ich nahm das Messer. Ich war unbeholfen im Umgang damit, der Schmerz und der Schnitt waren viel größer, als ich beabsichtigt hatte, und es floss auch mehr Blut. Ich drückte den Finger an mein Herz und sah zu, wie sich mein T-Shirt an der Stelle dunkelrot färbte.

»Ich schwöre«, sagte ich.

»*Bon.*«

»Aber warum?«

»Manche Leute, sie sollen nicht wissen, dass ich lebe. Wenn wir gefunden, kommt es in Zeitung und Fernsehen, weil du ein englischer Junge bist, oder? Verstehst du?«

»Ja. Ich verstehe. Aber warum?«

»Wenn ich nach Hause gehe, muss ich sein wie ein Dieb in der Nacht.«

»Wie Lunja?«

»Ja.«

Der Himmel war klar und voller Sterne. Ein leises Klagen war zu hören. Wir lauschten angestrengt. Es hörte auf. Dann fing es wieder an. Pulsierte. Zehn Sekunden oder länger.

»Ich glaube, das ist das Nebelhorn eines Leuchtturms«, sagte ich.

Aber der Horizont war eine klare Linie zwischen Nachthimmel und dem tiefschwarzen Meer. Und es war kein Geräusch, das ich je zuvor gehört hatte.

Der Ton kehrte wieder, jetzt wie ein erstickter Schrei.

Noch einmal lauter. Noch einmal näher. Es war kein Boot, kein Nebelhorn oder irgendein menschengemachtes Geräusch. Es war über uns und in uns und es kam von unten. Das Stöhnen eines unsichtbaren Ungeheuers.

Es war so mächtig, dass das Boot erzitterte.

Wieder. Lauter. Näher. Ich konnte es in meinem Bauch spüren.

Aya setzte sich auf und packte mich am Arm.

»Was ist das?«

»Ich weiß nicht.«

Ich bemerkte einen Schatten vor dem Bug, ein schiefes Dreieck, das sich aus dem Wasser hob und wieder hineinsank. Ich sagte nichts. Ich wollte erst sicher sein, was ich da gesehen hatte.

Eine *riesige* Haifischflosse.

Wieder ertönte das Geräusch. Das Boot wackelte, als würde es gleich auseinanderbrechen. Der Ton vibrierte in den Planken, meiner Haut, meinen Knochen. Aya ließ mich los, kauerte sich in die Mitte des Bootes und schlang die Arme um die Knie.

»Was ist das?«, flüsterte sie.

Ich suchte das Meer nach der Flosse ab. Wie zuvor den Schatten wollte ich es sehen und gleichzeitig nicht sehen.

Sie durchbrach die Oberfläche.

»Nein!« Heißes Blei rann durch meine Eingeweide.

Die Flosse hob und hob sich aus dem Wasser.

»Guck, Aya, guck!«

Die Flosse gehörte zu einem gewaltigen Rücken. Eine Nebelwolke *spritzte* durch sein Atemloch, stieg hoch in die Luft. Dahinter wölbte sich ein zweiter Rücken aus dem Meer. Wie eine große Insel.

Zu dem pulsierenden Geräusch kam ein anderes hinzu und noch eines. Dazu platschte es und quietschte. Das Meer, das Boot und wir: in einem Sturm der Töne.

»Das sind Wale, Aya!« Der uns am nächsten war, bog sich und tauchte, er hob seinen v-förmigen Schwanz und ließ ihn auf die Wasseroberfläche donnern: *Wamm*, die Welle rollte und dann traf sie das Boot.

Aya kreischte vor Freude und Staunen. Wir griffen uns an den Händen und hielten uns fest.

Eine bleiche Form trieb unter uns durchs Wasser. Zu nah. Ich klammerte mich an Aya, sie klammerte sich an mich, sie zitterte.

»Ich dachte, Monster, aber ... Das habe ich nie gesehen!«, flüsterte sie.

»Ich auch nicht«, sagte ich. »Sie werden uns nichts tun.«

Aber stimmte das auch? Ein Stups, ein Schlag mit der Flosse würde reichen.

Wieder die helle Haut unter uns. Sie kam hoch. Ein Junges, kleiner als die anderen, aber immer noch riesig neben unserem Boot. Es wandte den Kopf. Seine gewaltige Schwimmflosse kam wie ein winkender Arm aus dem Wasser. Seine Augen blinzelten. Es pfiff und quietschte.

»Es spricht mit uns«, sagte ich. Aya hielt sich einfach nur weiter fest und rang nach Luft.

Ein leiser, verzweifelter Ruf ertönte.

Der junge Wal sank in die Dunkelheit unter uns.

Dann kein Tauchen, Auftauchen, Atemholen mehr, und als die Wale wieder auftauchten, waren sie ein ganzes Stück weit entfernt.

»Ich glaube, sie sind ...«

Das Meer brach auf. Der Wal schoss wie eine Rakete nach oben. Direkt vor uns und außer ihm nichts.

Dann sank er zurück, in einem Sturm aus Gischt, und schickte eine Flutwelle in unsere Richtung.

Das Boot hob sich, von einer so plötzlichen und ungeheuren Kraft zurückgestoßen, dass das Heck ins Meer getaucht wurde. Wasser überall, auf uns, um uns und im Boot.

Das Boot wackelte, es taumelte, erschüttert.

Ich schnappte mir den Schildkrötenpanzer und schöpfte, so schnell es nur ging. »Wenn das noch mal passiert, werden wir sinken.«

Aya rührte sich nicht. Sie sah prüfend zum Horizont. Sie atmete schwer.

In der Ferne sah ich einen Bogen. Hörte ein Platschen.

»Wir sind okay«, sagte Aya.

Und dann waren die Wale fort.

Als das Wasser aus dem Boot war, legte ich den Panzer weg und ging zu Aya. Ich hielt ihre Hand.

»Das war fantastisch, was?«

Aya drehte sich zu mir um, ihre Augen schienen eine Weile zu brauchen, um wieder zu sehen, als erwachte sie gerade aus einem ihrer Albträume.

»Alles okay mit dir?«, fragte ich.

Sie drückte sich an mich, vergrub ihr Gesicht an meinem Hals.

Es schockierte mich mehr als das Auftauchen der Wale.

Wir hielten einander fest, unsere durchnässten Körper aneinandergepresst.

15

Wir hielten einander die ganze Nacht.
Ich kannte weder ihre Kultur noch ihre Sitten. Vielleicht war nicht mal das erlaubt. Aber hier gab es keine Regeln.

Tag 12
Oder 13? 14?
Ich komme nicht mehr mit.
Wir sind dabei zu verhungern.

Die Sonne strafte uns. Es gab kein Entkommen, nicht mal im Schatten.

Keiner von uns hatte noch Kraft zu reden. Wir konnten kaum atmen. Wir waren wie geprügelte Hunde, gebeugt, mit hängendem Kopf.

Wir machten *Aman*. Wir tranken es. Machten es. Tranken es. Es war nie genug.

Wir hatten keinen Fisch und hatten seit Tagen keinen gefangen.

Vor meinen Augen tanzten Punkte. Ich blieb nur mit Mühe wach. Wenn ich schlief, hatte ich Albträume.

Die Sonne war ein böser Sultan, schlug auf uns ein.

»Bill ... Bill?«

»Was denn?«

»Warum weinst du?«

Ich wusste nicht, dass ich weinte. Ich hatte geschlafen. Nein, nicht geschlafen. Ich wusste auch nicht, was.

»Da war dieses Mädchen ... In der Schule. Ich mochte sie. Aber ich ... weiß ihren Namen nicht mehr. Kann mich auch an ihr Gesicht ... nicht erinnern: Hab's versucht. Versuch's immer noch. Aber ich kann ihr Gesicht nicht sehen und ...« Ich brach ab. Aya hatte die Augen zu. Sie hörte mich nicht.

Ich dachte wieder an die Schule, an dieses Mädchen, das ich mir nicht mehr vorstellen konnte. Schule, zu Hause, meine Bücher auf der *Pandora*, von Meerwasser durchtränkt, zerfallen.

»Ich sollte nicht hier sein«, flüsterte ich. »Ich sollte nicht verschollen sein.« Ich dachte zurück an das Leben eines gewissen Bill. Ich war noch nie verloren gegangen, nur ein Mal als Kind im Urlaub, in Italien, und sogar da war ich in Sicherheit gewesen. Ich hatte immer gewusst, wie es weiterging. Meine Zukunft hatte wie ein Teppich vor mir gelegen und ich musste nur darübergehen.

Und woraus war dieser Teppich? Aus Kräften, die ich nicht kontrollieren konnte und über die ich nicht mal nachgedacht hatte. Hier war es das Gleiche. Der Sturm war nicht einfach Zufall gewesen, nicht bloß irgendeine verrückte, chaotische Wendung der Natur, die die Meteorologen nicht hatten kommen sehen und nicht verstanden. Er war etwas anderes: ein Dämon.

Und die Sonne war auch einer.

Ich hörte ihr Lachen, sah sie hoch über mir schweben, undeutlich und formlos. Sie war *da*. Grinste. Wartete.

All die Geister waren aus der Vase gekommen. Und die Hoffnung gab es gar nicht.

Ich fragte mich, wer von uns beiden wohl zuerst sterben würde.

≋

Mittags, als die Sonne uns ihren ganzen Zorn spüren ließ, huschte ein Schatten über den Bootsrumpf. Ich krabbelte auf allen vieren aus dem Schatten. Sah nichts. Dann ...

»Der Dämon. Er kommt. Nein ... ein Vo...« Die Worte blieben mir in der Kehle stecken. Aya kroch heraus, blinzelte.

Da war er. Flog seine Kreise. Ein Vogel.

Aya lächelte. Die Haut in ihrem Gesicht spannte sich vor Anstrengung; ihr Kopf war ein Schädel, bezogen mit einer Haut aus Papier. Ihre Augen eingesunken, zwei dunkle Bälle in ihren Augenhöhlen.

Ich trank, gerade genug, um meine Kehle anzufeuchten.

»Er kommt«, krächzte ich.

Sinkend kreiste er über uns. Ich sah weiße Flügel und einen gelben Schnabel. Eine Möwe. Sie flatterte und krächzte, schoss dann herab. Erst unmittelbar über uns, drehte sie ab und flog davon.

Das tat sie ein paar Mal, kam näher, flog davon.

»Sie will zu uns«, sagte ich.

»Ja«, sagte Aya. »Sie will uns tot.«

Mein Herz zog sich zusammen. Es war nur eine Möwe, eine wie die in Brighton, die einem die Pommes klauen. Sie war genauso mutig. Aber wir hatten keine Pommes, wir hatten nur Augen und Zungen.

»Sie weiß, dass wir schwach sind«, sagte ich.

»Wir ... können ... eine Falle ...«, sagte sie.

Ich nickte. Mir wurde nicht übel bei der Vorstellung. Die Möwe war keine Schildkröte. Ich wusste, dass ich sie töten und essen konnte. Locker.

»Du sitzt. Ich liege«, sagte Aya.

Mir war klar, was sie vorhatte. Mit dem Rücken gegen den Rumpf gelehnt, hockte ich mich in den Bug. Sie baute das Zelt ab. Ich rollte den Umhang zusammen und hielt ihn fest.

Aya lag mit dem Kopf an meinen Füßen.

Wir rührten uns nicht. Wir warteten, reglos wie Statuen.

Ich sollte zum Himmel sehen, überprüfen, wohin sie geflogen war. Aber ich durfte mich nicht bewegen. Ich sah hinunter zu Aya.

Ein Auge öffnete sich einen Spalt und ging wieder zu.

»Beweg. Dich. Nicht«, flüsterte sie durch kaum geöffnete Lippen.

Ich wartete und wartete. Aya schien nicht mehr zu atmen. Ich schob den Gedanken an den Tod beiseite, versprach mir: *Sie lebt. Es ist nur ein Trick.*

Der Vogel flatterte näher, landete auf dem hinteren Teil des Boots.

Ayas Finger zuckte. Ein Signal. Ich ließ einen bebenden Seufzer los und versuchte, möglichst stillzuhalten.

Mit einem plumpen Hüpfer landete der Vogel auf ihrem Bauch. Sein Kopf ruckte.

Seine kalten Marmoraugen schienen zu lachen.

Was willst du?, dachte ich still.

Diamanten, krächzte er. Er stürzte sich auf Ayas Augen. Sie wich seinem Schnabel aus und packte sein Bein.

Ich warf den Umhang über ihn.

Wir rangen, bis wir ihn eingewickelt und zu Boden gedrückt hatten und auf ihm lagen, wir keuchten, erschöpft von der Anstrengung.

»Essen?«, sagte ich und führte meine Hand zum Mund.

Würde er besser oder schlechter als Schildkröte schmecken?
Es war mir egal.

»Nein«, sagte Aya. »Nicht töten.«

»Was dann?«

Wollte sie, dass der Vogel Fische fing? Wie konnten wir ihm das beibringen? Und warum ihn nicht töten? Wir waren dabei zu verhungern.

Ich hielt ihn fest. Mit der Decke meine Hände schützend, packte ich ihn an den Flügeln. Er war fast so stark wie ich. *So* schwach war ich geworden.

Aya holte die Angelschnur. Sie tastete unter dem Umhang nach seinen Klauen, band die Schnur darum. Sie spulte ein gutes Stück ab und befestigte das andere Ende der Schnur am Ruder. Sie nickte.

»Eins, zwei, drei ...« Ich schlug den Umhang zurück. Mit einem Krächzen und einem wütenden Flügelschlag flog die Möwe himmelwärts, höher und höher, bis die Schnur ihr kein Spiel mehr gab und wir sie wie einen Drachen im Herbst hielten.

»Warum?«, fragte ich.

Die Möwe versuchte, nach Norden zu fliegen, zog, schaffte es nicht, kreiste dann mit der lockeren Schnur ein Stück tiefer und wandte sich wieder Richtung Norden, zog, bis die Schnur straff gespannt war.

Aya sah dorthin, wo Himmel und Meer sich trafen.

»Der Vogel ist hoch.« Sie zeigte auf ihn. »Der Vogel kann sehen.«

»Was sehen?«

Sie lächelte.

Ich kannte die Antwort.

DAS LAND

1

Wir folgten dem Vogel wie einem Kompass.

Ich paddelte.

Aya stand aufrecht. Sie brachte das Boot zum Schwanken.

»Da! *Regarde*.«[14]

In der Ferne war ein Buckel, ragte aus dem Meer wie der Rücken eines Wals. Aber es war kein Wal. Auch keine Wolke. Vor allem war es keine Täuschung.

Wir fielen uns in die Arme und jubelten und grölten. Wir fielen fast über Bord und tanzten und hüpften herum. Aya grinste und weinte, ich hielt ihr Gesicht. Ich küsste ihr die Tränen von den Wangen. Ich schmeckte ihr Salz.

Dann paddelte ich weiter, zwang mich, nicht meine ganze Energie dafür aufzuwenden, mich aber dennoch zu beeilen, aus Angst, dass mir die Kraft ausgehen und wir, die Insel vor Augen, sterben würden. Aya nahm die Bank, um auch zu paddeln. Weil Wind und Wellengang zugenommen hatten, wurde es schwerer.

Es war jetzt nach Mittag, und mittlerweile waren wir nahe genug, um das Land in Gänze zu sehen. Da stand ein Leucht-

---

[14] *Guck.*

turm, aber er war eine Ruine, nur seine untere Hälfte war noch übrig. Aber er war ein Beweis – für Menschen, für die Welt.

Der Leuchtturm stand auf einem Felsen, vom einen Ende zum andern vielleicht eine gute halbe Meile breit. Als wir uns dem Land näherten, färbte sich das purpurblaue Wasser türkis. Schwarze Lavafelsen ragten aus dem Wasser, zerklüftete Gebilde, aus denen mein müder Verstand riesige Ungeheuer machte, die über ihre Welt wachten.

Ich sah einen Schatten. Etwas Großes und Kräftiges, das sich zwischen dem Felsgestein bewegte, man sah es nur über dem hellen Sand, nicht im Tiefen. Es tauchte nicht auf und schon bald hatte ich es zwischen Seetang und Felsen aus dem Blick verloren. Ich sagte Aya nichts und redete mir ein, mein Verstand spiele mir Streiche. Trotz meiner Erschöpfung paddelte ich ein bisschen schneller.

Wir steuerten an der Küste entlang, hielten uns einige Hundert Meter vom Strand entfernt, suchten nach einem Anlegeplatz, einer Bucht oder einer etwas weniger steilen Stelle an der Klippe.

Wir paddelten um die Landzunge und sahen den Bogen, den die Küste hier machte. Zwischen den Felsen und den zerklüfteten Riffs bahnte sich ein hellblauer Streifen Meer zu einem schmalen Zufluss.

Wir konnten es jetzt deutlich erkennen: Es war eine *Insel*. Auf der verzweifelten Suche nach einem Lebenszeichen suchte mein Blick das Ufer ab. Sie schien ein einziger großer blanker Felsen zu sein, aber im Innern erkannte ich Bäume.

Leben.

Wir navigierten vorsichtig zwischen den Felsen hindurch. Schwärme winziger silberner Fische schossen durch das seichte Wasser. Große gab es auch. Blau-rote Muscheln und gelbe Korallen schmückten den Meeresboden. Seetang tanzte in der Strömung.

»Kann man das da unten essen?«, fragte ich.

»Ja, da unten ist Essen. Und Schönheit«, sagte Aya, die, Mund und Augen weit aufgerissen, über der Bordkante hing. Das Wasser war so hell und klar, als wäre es gar nicht da, als flögen die Fische nur durch Luft.

Und da war Schönheit. Nach der Wüste des offenen Meeres war es himmlisch.

Als wir den Strand erreicht hatten, kletterten wir aus dem Boot und wateten, das Boot hinter uns herziehend, durch das Wasser. Wir verwendeten unsere letzte Kraft darauf, das Boot aus dem Wasser zu bekommen. Es war schwer, aber wir zogen und schrammten über Sand und Kies. Nicht so weit, wie es nötig gewesen wäre, nur so weit, wie wir es schafften.

Außer Atem sanken wir zu Boden. Ich nahm eine Handvoll staubigen Sand.

»Kostbarer als Gold«, flüsterte ich. Aya legte den Kopf auf den Boden. Sie streckte den Arm nach mir aus und wir hielten uns an den Händen. Wir weinten Freudentränen.

»Muss ... Wasser«, sagte ich.

»Ja«, sagte sie. »Bald ... und ... und ...«

Sie schloss die Augen. Meine fielen mir auch zu. Das Gewicht von Wochen drückte auf meinen Kopf.

Wir schliefen ein.

2

Ich erwachte mit brennendem Durst.

Ich erinnerte mich an meine Deckschuhe im Stauraum. Am Tag nach dem Sturm hatte ich sie ausgezogen und seither nicht mehr angehabt. Meine Füße fühlten sich ganz ungelenk darin an. Ich schnappte mir eine leere Flasche und machte mich Richtung Anhöhe auf. Ich fiel hin, stand auf, stolperte, fiel wieder. Meine Beine funktionierten nicht. Ich war so lange nicht gelaufen.

Aber die Hoffnung feuerte mich an. Ich rappelte mich auf und schwankte, aber mit jedem Schritt ging es besser. Mein Kopf zwang meine Beine zu tun, was sie nicht wollten.

Ich stolperte über Sand und vom Wasser glatt geschliffenen Felsen den Hügel hoch.

Oben thronte ein Felsen etwa so hoch wie ein ausgewachsener Mann. Außer Atem wie ein Greis kletterte ich darauf und setzte mich.

Ich sah mich um. Die Insel war karg. Es gab keine Ortschaft oder Straße. Keine Menschen. Nichts, wo sie hätten sein können. Nur Felsen und Sand. Der Nebel hatte sich in der Sonne aufgelöst. In jeder Richtung lag das Meer. Keine Boote, keine anderen Inseln, keine Küstenlinie in Sicht.

Ich sackte auf dem Felsen zusammen. Wir hatten Land erreicht und waren allein wie eh und je.

»Hier ist niemand«, rief ich Aya zu.

Im Osten lag eine lang gestreckte Landzunge, dahinter der

schwarze Fels von Lavariffen. Der Leuchtturm befand sich am höchsten Punkt der Landzunge. Über ihm zogen Vögel ihre Kreise.

Im Westen befand sich eine Bucht, und dahinter waren die Bäume, die wir gesehen hatten.

»Bäume brauchen Wasser«, sagte ich. Unter mir sah ich Aya, die sich gegen das Boot lehnte. Die Möwe kreischte wie ein Geist. Sie versuchte noch immer, zu entkommen.

»Aya!«, rief ich. »Komm!« Sie winkte zurück.

Immer wieder stolpernd, bewegte ich mich an der Klippe entlang und warf einen Blick über die Schulter, um sicherzugehen, dass Aya mir auch folgte. Ich wollte mich gerade an den Abstieg machen, als ich stutzte. Irgendwas hatte ich gehört oder aus dem Augenwinkel gesehen. Aber ich konnte nicht sagen, was.

»Hallo?« Meine Stimme hallte wider.

Ich sagte mir, dass ich mir da etwas einbildete.

Ich kraxelte über die warmen Felsen bis hinunter zum Strand. Als ich auf Sand trat, hatte ich wieder das gleiche Gefühl. Nur war es diesmal stärker. Wieder drehte ich mich um.

Ich hatte vor zu warten, aber als ich mich zu den Bäumen umdrehte, war es so wie bei den Fischen im flachen Wasser. Ich war überwältigt. Ich stolperte voran, weil ich es sehen, spüren musste. Ich war vor lauter Staunen wie benommen.

Die Kokospalmen, die am nächsten am Meer standen, wuchsen kerzengerade einfach aus dem Sand. Sie waren wie Riesen und flüsterten im Wind. Lebendige Wunder. Ich legte meine Hände auf die harte Rinde, um den Baum zu spüren und sicherzugehen, dass es ihn wirklich gab.

In den Ästen hingen grüne Kokosnüsse. Der Sand war übersät mit trockenen Blättern und struppigen Pflanzen. Eine Ameisenstraße lief den Stamm eines Baumes hinauf. Eine Krabbe trippelte durch das Unterholz.

Mit großen Augen wanderte ich durch all das hindurch. Unter meinen Füßen brechende Zweige und schmatzender schwarzer Schlamm. Der Boden wurde matschig und morastig.

Ich erreichte eine steile Felswand. Hier wuchsen keine Bäume mehr. In Höhe von etwa dreieinhalb Metern befand sich eine Höhle, zu der man leicht hinaufklettern konnte. Ihr Eingang war einige Meter hoch und breit. Dunkel und still.

Drinnen war es kühl und finster. Ich hörte Wasser tropfen.

»Hallo?«, rief ich. Ich krabbelte auf allen vieren weiter.

Die Höhle wurde schmaler und niedriger. Meine Hände tasteten über glatten Fels, dann fiel ich nach vorn, plötzlich mit beiden Handgelenken im Wasser.

»Bitte, lieber Gott«, murmelte ich. »Lass es Regenwasser sein.« Ich schöpfte etwas mit der Hand. Es war klar und sauber. Ich trank eine Handvoll nach der anderen, dann füllte ich die Flasche.

»Bill?« Ayas Stimme hallte von den Wänden wider. »Alles okay?«

»*Aman!*« Ich kroch freudig zum Eingang zurück. Aya sah die Flasche und griff danach.

Sie trank und trank und trank, zaghaft zuerst, dann in großen Schlucken, ließ das Wasser über ihr Gesicht laufen. Wir tranken, bis unsere Bäuche anschwollen.

Wir wateten am Strand entlang und kletterten die Felsen hinauf, tranken unser Wasser.

»Was jetzt?«, fragte ich.

»Der Leuchtturm«, sagte Aya.

»Stimmt, das könnte ein guter Unterschlupf sein. Dann müssen wir über Essen nachdenken.«

Wir brauchten rund zehn Minuten, die Ecke im Südosten zu überqueren, wo sich der Leuchtturm über die Landzunge erhob.

Aus einiger Entfernung konnten wir sehen, dass die Turmspitze fehlte und im Mauerwerk Lücken klafften. Am Fuß des Turms stand eine alte, steinerne Hütte, halb verfallen, aber sie hatte Potenzial.

»Weißt du, wenn wir ein paar von diesen Palmwedeln herschaffen würden, könnten wir ... Aya?«

Sie blieb wie angewurzelt stehen, beobachtete den Leuchtturm wie ein Falke.

»Was ist los?«, fragte ich.

»Da, guck.« Sie zeigte auf etwas.

An der Wand der Hütte waren Holz und Äste gestapelt. Es gab auch eine Feuerstelle, drum herum Steine, schwarz vor Asche.

Langsam gingen wir darauf zu. Beim Näherkommen erkannte ich eine Plane, die über eine Ecke des Dachs gebreitet worden war.

Wir blieben draußen stehen. »Hallo?«, sagte ich.

Niemand antwortete, es war nur ein seltsames, leises Klacken zu hören, das von drinnen kam.

Was *war* da drinnen? Jemand, niemand, ein Skelett?

Es gab keine Tür, nur eine Lücke in der teils eingestürzten Mauer. Ich spähte hinein. Auf dem Boden ein Bett aus Palmwedeln und Tang. Dosen gefüllt mit Wasser auf einem Regal. Auf dem Boden noch eine Feuerstelle voller Asche. Ein Teil des Dachs fehlte. Haufenweise Muscheln. Ein Windspiel aus Knochen und Federn schwang klackend in der leichten Brise.

»Das ist es, was wir gehört haben«, sagte ich.

»Gibt es hier Essen?«, fragte Aya. »Schau draußen.«

Ich trat nach draußen und hielt Ausschau nach dem Bewohner, wer immer er auch sein mochte.

Aya suchte nach etwas Essbarem, fand aber nichts.

Danach steuerten wir den Leuchtturm an, immer mit einem Blick über die Schulter, falls da jemand hinter uns wäre. Ich hatte so ein seltsames Gefühl.

Das Mauerwerk des Turms war alt und verwittert. Es gab eine schwere Tür mit einem Schlüsselloch. Ich versuchte, sie aufzudrücken, aber entweder war sie verzogen oder abgeschlossen.

Ich umrundete den Turm. Die Tür war der einzige Weg hinein.

»Wenn hier jemand ist, dann hat er auch zu essen«, sagte ich. »Wahrscheinlich hier drin.«

»Vielleicht versteckt er sich«, sagte Aya. »Vor uns.«

Ich wollte mir nicht über Essen den Kopf zerbrechen. Ich wollte an Rettung denken und wissen, wer hier lebte und ob er Kontakt zur Außenwelt hatte. Aber ich konnte nicht anders. *Wenn* hier jemand lebte, dann hatte er zu essen, und wenn er zu essen hatte, dann konnte er teilen. Mir lief das Wasser im Mund zusammen.

»Wo sind sie?«, fragte ich.

»Vielleicht nicht hier, vielleicht tot«, sagte Aya.

»Glaube ich nicht ... Ich hatte eben so ein komisches Gefühl. Als würde uns jemand beobachten. Gleich als wir losgegangen sind ...«

»Das Boot!«, riefen wir wie aus einem Mund.

Hand in Hand liefen wir los, halfen einander über die Felsen.

Ich hörte einen Möwenschrei. Einen Alarmruf.

Wie erreichten den Zufluss und sahen eine Gestalt auf dem Boot, die sich durch die Dosen und Flaschen im Stauraum wühlte.

Die Möwe, immer noch an die Schnur gebunden, flatterte und krächzte.

»He«, rief ich, aber gleich bekam ich Angst. Ich dachte: *Er könnte gewalttätig sein, vielleicht ist er auch nicht allein.* Wer immer er war, er hatte nicht gezögert, unser Zeug zu durchsuchen, auf unserem Boot.

Aya war jetzt ein paar Schritte voraus, blieb aber stehen, bevor sie das Boot erreicht hatte.

»He!«, rief ich wieder.

Die Gestalt richtete sich auf. Er hatte ein dunkles Gesicht und blitzende Augen. Sein Haar war schwarz und zerzaust, sein Körper dünn wie der eines ausgehungerten Wolfs. Er setzte über die Bordkante und baute sich vor uns auf. Er trug Shorts und sonst gar nichts. Er führte die Hand an den Mund, als würde er essen.

Ein einziger Blick verriet mir so einiges. Er war älter als ich, fast schon ein Mann. Er war bereits eine ganze Weile hier. Und er war verzweifelt, vielleicht sogar ein bisschen verrückt.

Er hatte den Stauraum durchwühlt und alles im Rumpf des Bootes verstreut. Ich sah leere Dosen und Flaschen, nicht die letzte Dose mit halbwegs essbarem Schildkrötenfleisch, nur die Dosen mit den Ködern. Köder, die wir uns aufgespart hatten.

»Ich habe Schildkrötenfleisch versteckt«, flüsterte Aya. »Und das Messer.«

3

Der Mann-Junge kam auf uns zu.
»Hallo«, sagte ich. Er nickte.

Wir standen da und starrten uns an. Ich streckte die Hand aus und sagte noch einmal: »Hallo.« Ich wusste nicht, was ich sonst tun sollte. Er durchbohrte mich mit seinem Blick, bevor er meine Hand nahm und sie schüttelte. Es fühlte sich seltsam an.

»Deutsche?«, fragte er mit einem starken Akzent.

»Was? Ich verstehe nicht.«

»Deutsch? Niederlande? England-Junge?«

»Englisch.«

»Warum seid ihr hier?«

»Eine Jacht«, sagte ich. »Der Sturm. Wir sind auf See gewesen. Viele Tage.«

»Mehr Leute?«

»Nein. Nur wir.«

»*Tambien*.[15] Das Gleich. Der Sturm.«

»Allein?«

»Ja.«

»Wo kommst du her?«, fragte ich. Er antwortete nicht, musterte mich bloß von oben bis unten. Und Aya auch. Sie stand dicht hinter mir und hielt sich mit beiden Händen an meinem Arm fest.

»Habt ihr Essen?«, fragte er. Aya drückte fester. Ich wollte Ja

---

[15] *Ebenso.*

sagen und ihm von der Schildkröte erzählen und ihn fragen, was *er* hatte. Aber sie drückte so fest zu, dass ich lieber schwieg.

»Nein«, log ich. »Aber wir haben eine Angelschnur.«

»Ich sehe die Schnur. Ihr habt den Vogel an der Schnur. Warum?«

»Der Vogel hat uns hergeführt. Wie hast du überlebt?«, sagte ich und dachte: *Du bist dünn, aber du lebst. Du musst etwas gegessen haben.*

»Vorher mit Essen von Boot. Jetzt Muscheln aus dem Meer. Kokosnüsse.«

»Ich bin Bill«, sagte ich. »Das ist Aya. Du?«

»Mein Name ist Stephan. Ich bin hungrig. *Tengo hambre. Entiendes.*[16] Wenn ihr Essen habt, gebt.« Es klang wie ein Befehl, so als hätte er hier das Sagen.

»Wir haben kein Essen«, sagte Aya, während sie ihn misstrauisch beäugte. Er lächelte und ließ gleich eine Menge Wörter auf sie los, Arabisch, glaube ich. Sie starrte ihn durchdringend an, ohne zu blinzeln. Aber sie antwortete nicht. Er bombardierte sie mit Fragen, bevor er auf einmal wieder ins Englische wechselte.

»Marokko? Libyen? Syrien?«, fragte er. Aya drückte wieder meinen Arm, fester. Ich sagte nichts. Es stand mir nicht zu, für sie zu antworten.

Stephan nickte und lächelte. Sein Lächeln gefiel mir nicht.

»Wie bist du hergekommen?«, fragte ich.

Er drehte sich um und ging los. »Kommt, dann seht ihr.«

Wir folgten ihm zögernd, einander stützend, weil unsere Beine das Laufen noch immer nicht gewohnt waren. Und stän-

---

[16] *Ich bin hungrig. Du verstehst.*

dig sahen wir uns nach den Felsen und den paar Büschen und nach den Bäumen und den Vögeln im Himmel um. Wir konnten es immer noch nicht glauben.

Wir stießen in den nördlichen Teil der Insel vor. Von den Klippen aus sahen wir, eingeschlossen zwischen den Felsen, ein umgedrehtes Stück Rumpf aus blauem Fieberglas. Es war ein Viertelboot, vielleicht noch weniger. Die Bruchkante war gezackt, als hätte jemand den Rest abgebissen.

»Ein Fischerboot?«, fragte ich.

»Ja.«

Ich machte eine Pause, bevor ich zu fragen wagte: »Die Crew?«

Stephan winkte mit einem Arm Richtung Meer. »Im Sturm. Viele Meilen von hier. Tot, glaube ich.«

»So war es auch bei uns. Wir sind Überlebende, nicht wahr? Alle drei.« Ich nickte Aya zu und dachte: *Wir haben einen anderen Menschen gefunden, Aya!* Sie behielt den seltsamen Jungen bloß im Auge und klammerte sich an meinen Arm.

»Wird nach dir gesucht?«, fragte ich.

»Nein. Nach mir nicht. Nach euch vielleicht. Aber wenn sie kommen, dann vorher. Verstehst du, England-Junge?«

»Ich heiße Bill.«

»Okay, England-Junge.«

Das gefiel mir nicht. Wir hatten jemanden gefunden. Jemanden, mit dem wir arbeiten konnten. *Überleben* konnten. Aber er hatte uns nicht willkommen geheißen, er hatte sich vor uns versteckt und sich dann über unsere Sachen hergemacht wie eine Möwe über die Eingeweide eines Fischs.

»Kommt, dann seht ihr, wo ich wohne«, sagte er.

»Wir holen unsere Ausrüstung«, sagte ich.

Er stapfte Richtung Leuchtturm. Ich drehte mich zu Aya um.

»Was ist los?«, fragte ich.

»Er ist kein Fischerjunge.«

»Woher willst du das wissen?«

»Ich habe ihn gesehen, bevor mein Boot gefahren ist. Viele Boote fahren dort ab, unseres war nur eins. Vielleicht ist er ein Fischerjunge, aber vielleicht auch einer der Männer, die Geschäfte mit Menschen machen.«

»Ein Menschen-Schmuggler? Ein Schleuser?«

»Vielleicht. Ich glaube, er arbeitet für die Männer.»

»Hat er dich erkannt?«

»Nein.« Sie verdrehte die Augen und biss sich auf die Wange. »Der Junge ist böse.«

»Woher weißt du das?«

Aya runzelte die Stirn, bohrte ihren Blick in Stephans Rücken. »Ich weiß es.«

Wir gingen zum Boot zurück, um unsere Sachen zu holen. Die Möwe war an Bord und pickte an einer Dose mit Ködern.

»Wo ist das Messer?«, fragte ich.

»Ich habe gesagt, ich habe das Messer«, sagte Aya. »Was machen wir mit dem Vogel?«

»Ihn freilassen.«

Wir fingen die Möwe wieder ein und bedeckten ihren Kopf, damit sie nichts sehen konnte. Aya zauberte das Messer aus ihrem Umhang und durchtrennte vorsichtig den Knoten.

»Husch. Du kannst gehen«, sagte ich. Aber die Möwe flog nur bis zum nächstgelegenen Felsen, ruckte mit dem Kopf und sah uns an.

Wir wickelten die letzten Dosen mit Ködern und unsere ganzen Sachen in Ayas Umhang und benutzten ihn als Sack.

Schnur, Köder und Haken verstaute ich in der Tasche meiner Windjacke. Den *Aman*-Macher und den Schildkrötenpanzer ließen wir zurück.

»Wir werden ihm vertrauen müssen«, sagte ich. »Uns mit ihm zusammentun. Kann ja sein, dass er ein Schleuser *gewesen* ist oder für sie gearbeitet hat. Aber jetzt ist er keiner mehr, oder? Er ist gar nichts mehr. Wie wir.«

Wir trafen Stephan in seinem Lager, der Steinhütte am Leuchtturm.

Wir saßen draußen, auf einem Felsen an der Feuerstelle. Vor ihm lagen zwei Kokosnüsse auf dem Boden. Als wir zum ersten Mal in die Hütte geschaut hatten, hatte ich keine gesehen. Ich fragte mich, wo er sie herhatte. Er nahm eine.

»Halt die Kokosnuss am Boden«, wies er mich an. Ich machte, was er sagte. Er hob einen kurzen, scharfen Stock auf, steckte ihn in eins der drei Augen an der Spitze der Nuss, dann nahm er einen der Steine, die rund ums Feuer lagen, und benutzte ihn als Hammer, um den Stock in das Auge zu treiben. Ich zuckte zusammen und hätte die Kokosnuss *fast* losgelassen. Er schlug schnell und heftig zu. Ich blinzelte und zuckte zusammen. Stephan grinste. Mit dem zweiten Auge machte er es genauso. Dann nahm er die Kokosnuss und trank. Lange. Schließlich gab er sie mir. Ich reichte sie an Aya weiter. Sie trank etwas, dann war ich an der Reihe. Der kräftige Geschmack machte mich schwindlig. Wir tranken, bis sie leer war, dann kam die andere Kokosnuss dran. Ich hätte ein Dutzend austrinken können.

Stephan nahm einen größeren Stein und reichte ihn mir.

»Zerschlag die Kokosnuss«, befahl er.

Ich legte sie mir zurecht, hob den Stein bis über den Kopf und ließ ihn dann nach unten sausen. Der Stein prallte seitlich von der Nuss ab. Ich versuchte es noch einmal. Die Kokosnuss flog davon wie ein Rugbyball.

Stephan lachte. Er nahm die Kokosnuss, klemmte sie zwischen seine Füße, drehte und wendete sie, bis er mit dem Winkel zufrieden war. Dann hob er den Stein über den Kopf und schlug zu. Die Kokosnuss zersplitterte. Teile ihres weißen Fleisches glitzerten in der Sonne. Er reichte mir ein Stück und wollte auch Aya eins geben, aber sie zögerte. Er drängte sie, es zu nehmen, in Worten, die ich nicht verstand.

»Warum sprichst du nicht Englisch?«, fragte ich.

Er schob ihr das Stück zu und blaffte noch einmal.

»He!«, sagte ich.

»Sie muss essen, England-Junge.«

»Du sollst nicht so mit ihr reden.«

Aya sah mich scharf an, nahm dann widerwillig das Essen.

Ich kaute das weiße Fleisch. Es war gut, wie die Milch. Als wir fertig waren und uns eine Weile ausgeruht hatten, sagte ich: »Jetzt sollten wir angeln gehen.«

»Wollt ihr nicht noch ausruhen?«, sagte Stephan.

»Nein. Ich habe Hunger.«

Ich zog die Schnur und den in Papier eingewickelten Haken aus der Tasche meiner Windjacke und holte die letzte Dose mit Ködern aus dem Umhang.

Bei dem Gestank der klebrigen Innereien drehte sich mir der Magen um. Wie gut, dass wir nicht noch länger auf See gewesen waren. Wie gut, dass wir sie nicht hatten essen müssen.

Aya sah vom Strand aus zu, während Stephan und ich das Boot nahmen. Die beiden Tonnenhälften ließen wir zurück, den Schildkrötenpanzer aber nahmen wir mit, um den Fisch darin zu lagern.

Wir zogen das Boot ins Wasser, wateten ein paar Schritte durch die seichten Stellen am Ufer und kletterten hinein.

Es war ein komisches Gefühl, schon so schnell wieder in einem Boot zu sitzen. Ohne Aya.

Ich setzte mich nach vorne ins Boot und paddelte. Stephan saß hinten. Das Meer war unruhiger als bei unserer Ankunft. Es gab Strömungen, frischen Wind und Wellen. Der Weg auf das offene Meer war schwierig, im Wasser lauerten große Felsen, zwischen denen es eng wurde. Eine Welle traf uns hart, das Boot hob und senkte sich.

»Du solltest die Bank rausnehmen und sie als Ruder benutzen«, sagte ich. »Wir kommen schneller voran, wenn zwei Leute paddeln.«

Stephan schüttelte den Kopf. Er atmete schwer. Ich zuckte mit den Schultern und paddelte weiter, um uns aufs offene Meer zu bringen.

Etwas zu tun, das ich gut konnte, gefiel mir. Aber es gefiel mir nicht, dass Stephan den Chef spielte und so tat, als trage er die Verantwortung. Die Insel *war* sein Zuhause und er war älter ich. Aber das gab ihm nicht das Recht, sich so aufzuführen, vor allem nicht Aya gegenüber.

Ich sah mich immer wieder nach ihm um. Er wirkte nervös.

»Du bist der Fischer«, sagte ich. »Wo ist die beste Stelle?«

»Das hier ist was anderes«, sagte er. »Ich fische in großem Boot. Nicht so.«

Wahrscheinlich log er. Andererseits, dachte ich, war er vielleicht *wirklich* mal Fischer gewesen und arbeitete jetzt für Schleuser. Es war nachvollziehbar, dass er das verbarg. Das war nichts, was man zugab. Nichts, von dem man wollte, dass die Behörden es erfuhren, wenn man gerettet wurde.

Wir hatten uns etwa hundert Meter vom Ufer entfernt. Ich konnte die kleine Baumgruppe an der Küste sehen, und Aya, die auf der Klippe saß und uns beobachtete.

Unter uns waren Felsen und Seetang und huschende Fische. *Viele* Fische. Silber und Gold. Ganze Wolken aus winzigen Fischen und fette Räuber, die ihnen auflauerten.

Stephan sah zu, wie ich die Schnur, die Spule, den Haken und den Köder vorbereitete und die Schnur dann um das Ruder wickelte.

Während ich damit beschäftigt war, wies ich mit dem Kinn aufs Wasser.

»Irgendwelche Haie hier?«, fragte ich. »Große?« Er legte eine Hand auf die Bordkante und hielt sich fest. Er sah aufs Meer und schüttelte den Kopf.

»Versuch nicht, mir Angst zu machen, England-Junge.«

»Aus welchem Land kommst du?«, fragte ich.

»Canaria.«

»Spanisch? Aber du sprichst auch Arabisch. Oder ist das Berberisch?«

»Meine Mutter ist spanisch, Vater arabisch. Du und Mädchen? Du von England, von wo das Mädchen?«

»Ich weiß nicht«, sagte ich. Und das stimmte ja auch. Ich wusste es wirklich nicht genau. Sie hatte ihren Stamm sowohl Amazigh als auch Berber genannt.

»Sie ist Berber, glaube ich«, sagte Stephan. »Das Leben ist nicht gut zu manchen Berberstämmen.«

Ich konzentrierte mich auf die Schnur, die sich vom Ruder abspulte.

»Du sagst, ihr Name ist Aya«, sagte er. »Wo ist sie her?« Er gab nicht auf.

»Warum willst du das wissen? Sie redet nicht viel über sich, sie könnte Gründe haben.«

»Du hast dieses Mädchen?«

»Was meinst du?«

»Sei nicht dumm. Ich sehe euch Hände halten. Ihr wart viele Tage im Boot. Gehört sie dir?«

»Ich habe keine Ahnung, was du meinst«, sagte ich und dachte: Du *glaubst, Aya könnte mir gehören? Man kann niemanden besitzen. Meistens weiß ich nicht mal, was sie denkt.*

Er feixte. »Okay, England-Junge. Warum ist sie weg?«

Ich seufzte und schnaubte. »Ich habe keine Ahnung, okay?«

Stephan warf einen Blick zu Aya auf der Insel und machte ein zischendes Geräusch zwischen den Zähnen. »Dieses Mädchen ist nicht arm. Sie sieht arm aus, ist sie aber nicht.«

»Woher willst du das wissen?«

Er tippte sich an den Kopf. Die Art und Weise, wie er das tat, war seltsam, er stieß den Finger fest gegen den Schädel. Er wirkte sehr nervös, kaum fähig, sich zu konzentrieren. Ein bisschen verrückt. Aber vielleicht auch einfach nur hungrig.

»Armes Mädchen geht nicht nach Europa«, sagte er. »*Muy caro.*[17]« Er rieb sich die Finger. »Sie haben Geld.« Er zeigte auf seine Augen. »Ich sehe. Wie sie spricht, wie sie ist.«

Aber Aya hatte nur ein paar Worte mit ihm gewechselt.

Dann biss etwas an, so wie er zerrte, war es ein großer Fisch.

---

[17] *Sehr teuer.*

Ich holte Schnur ein und spulte. Stephan half mir nicht und ich bat ihn auch nicht darum. Der Fisch war breit und kurz, aber fleischig. Ich hatte kein Messer, um ihn zu töten, also ließ ich ihn, nachdem ich ihn vom Haken genommen hatte, um sich schlagend und keuchend einfach in dem Schildkrötenpanzer liegen. Es wäre besser gewesen, ihm auf den Kopf zu schlagen, ihn mit dem Ruder zu zertrümmern, so wie Stephan es mit der Kokosnuss gemacht hatte. Aber das wollte ich nicht.

Unser Gespräch war zu Ende. Jedes Mal, wenn ich die Angel senkte, dauerte es nicht lange, bevor der nächste anbiss. Das hielt uns auf Trab. Ein paar Fische verloren wir wieder, aber es war ein guter Fang. Ich erledigte den größten Teil der Arbeit, das Ködern, Spulen, Schnureinholen, während Stephan halbherzig paddelte, damit uns die Strömung nicht zu weit forttrieb.

Bei einem großen Fisch hatte sich der Haken tief im Maul verfangen. Als ich ihn entfernte, wand sich der Fisch. Es war nicht leicht, ihn über dem Panzer zu halten. Rubinrote Tropfen liefen mir über die Hand und fielen auf Deck.

»Aus dem Boot, über dem Wasser«, sagte Stephan.

»Nein.«

»Warum?«

»Haie.«

Das brachte ihn zum Schweigen.

Blut und Lärm lockten eine kleine Schar Vögel an, die über uns kreisten.

Unsere Möwe flog heran und setzte sich vorn auf den Bug. Sie beäugte den frischen Fisch.

»Noch nicht«, sagte ich zu ihr.

Stephan wich vor ihr zurück und löste die Sitzbank, um sie zu verscheuchen, vielleicht sogar zuzuschlagen.

»Nein«, sagte ich. »Mach das nicht. Sie ist unser Freund.«

»Vogel ist *amigo*? So was kann nur ein England-Junge glauben. Ich sehe den Panzer von der Schildkröte. Auch dein Freund?« Er lachte.

»Ist mir egal, was du denkst. Tu ihr nicht weh.« Ich dachte daran, wie wir sie gefangen hatten, wie ich sie getötet und ohne mit der Wimper zu zucken gegessen hatte. Doch jetzt war es anders.

So wie draußen hatte Stephan auch in der Hütte eine Feuerstelle. An einer Wand lagerte er getrocknete Blätter und Gräser. Er holte eine Handvoll davon und legte sie draußen auf den Boden, nahm dann die Scherbe einer alten Glasflasche, die er, wie uns erzählt hatte, am Strand gefunden hatte.

Als die Sonne hinter einer Wolke hervortrat, benutzte er die Scherbe wie ein Brennglas, bis das Anmachholz qualmte und schließlich Feuer fing. Er hob den rauchenden Ball auf, blies sanft hinein und trug ihn nach drinnen, wo er ihn auf die Feuerstelle legte, noch etwas mehr Gras dazugab und so, Stück für Stück, die züngelnden Flämmchen in ein Feuer verwandelte.

»Ich mache Zauber«, sagte er. Seine Augen glänzten.

Ich dachte daran, wie wir *Aman* gemacht hatten. Tja, *zaubern* konnten wir auch.

Wir hockten uns ans Feuer. Seine Wärme und sein Licht wirkten Wunder. Wir hatten die Macht, die Nacht fernzuhalten, statt von ihr verschluckt zu werden.

Auf dem Boot hatten wir selten gefroren, nur manchmal in den frühen Morgenstunden. Auch in der Hütte war es nicht kalt, allerdings wehte draußen ein kräftiger Wind, und es war ein gutes Gefühl, geschützt zu sein und die Wärme der knisternden Zweige und brennenden Holzklötze zu spüren. Im Dach waren Löcher genug, durch die der Rauch abziehen konnte.

Und wir hatten Fische zum Grillen. Ich hätte sie gerne mit dem Messer ausgeweidet und gesäubert. Aber das Messer war ein Geheimnis und musste es bleiben, zumindest bis wir Stephan besser kannten. Also gingen wir runter zum Felstümpel am Strand, schnitten sie dort mit Muscheln auf und nahmen sie aus. Dann trugen wir sie zurück in die Hütte und steckten sie auf Spieße.

Den aufgespießten Fisch schoben wir direkt in die Flammen, aber Aya rief: »Wir müssen warten!«

Stephan warf ihr ein paar Worte an den Kopf, wütend, weil sie seine Entscheidung infrage stellte. Sie senkte den Blick. Diese Aya kannte ich nicht. Die Aya, die ich kannte, spuckte Feuer, wenn sie sauer war. Aber nicht bei Stephan. Ich begriff nicht, warum sie bei ihm so auf der Hut war.

Der Fisch kam wieder ins Feuer und stank. Aya hatte recht behalten. Diesmal warteten wir, bis das Holz zu einem Bett aus glühender Kohle zerfallen war. Auf beiden Seiten des Feuers stapelten wir Steine, klemmten dann die Fischspieße dazwischen und drehten sie langsam, bis die Haut braun und knusprig wurde und ein köstlicher Duft die Hütte erfüllte.

Wir aßen aus Kokosnussschalen und verschlangen den Fisch. Es war eine heiße und verzwickte Angelegenheit. Ich verbrannte mir die Finger.

Wir hatten viel Fisch. Trotzdem aßen wir auch die Augen und saugten das Innere aus den Köpfen. Wir kauten Haut und spuckten Schuppen aus. Stephan sah uns angewidert zu.

Als wir fertig waren, saßen wir mit schmutzigen, klebrigen

Fingern vor kleinen Haufen aus Gräten und Köpfen. Es fühlte sich so gut an. Nicht nur gegessen zu haben, sondern auch zu *wissen*, dass wir über einen endlosen Vorrat an Fisch verfügten. Fisch und Wasser und Kokosnüsse. Und wer wusste schon, was Stephan sonst noch hatte. Wir konnten hierbleiben, wir konnten hier *leben*.

Bis die Boote kamen. Oder die Flugzeuge.

Stephan sagte etwas auf Arabisch, und Aya erhob sich langsam und fing an, die Überbleibsel unseres Festmahls auf einem Stück Kokosnussschale zu sammeln.

»Du musst das nicht tun«, sagte ich. »Lass es.« Sie zuckte mit den Schultern und machte weiter.

»Für den Vogel«, sagte sie.

Ich wollte ihr helfen. Ich wollte nicht, dass sie es machte, weil Stephan es verlangt hatte. Aber ich ließ es. Ich war so voll und müde. Eine Welle der Erschöpfung überspülte mich. Mir war eine Last genommen; die Last der tagelangen Sorge um Essen und Wasser und die Angst vor einem nächsten Sturm. Nie Land oder Retter zu sehen, nicht zu wissen, was die Zukunft brachte oder ob es überhaupt eine Zukunft gab. Leere Tage der Angst.

Jetzt hatten wir volle Bäuche, eine Insel, ein Morgen.

»Ich hatte keine Ahnung, was voll sein bedeutet, bis ich gehungert habe«, sagte ich. »Macht das Sinn?«

»Klingt *loco*[18]«, sagte Stephan. Ich lachte. Ich war dankbar, nicht mehr benommen oder halb wahnsinnig zu sein. Ich fragte mich, wie es mir jetzt wohl gehen würde, wenn wir *kein* Land gefunden hätten. Angst, Hitze, Hunger, Erschöpfung. Sie

[18] *verrückt*

hatten sich in meinen Verstand gebohrt und einen Teil von mir verschlungen.

Ich legte mich hin.

»Wir hatten so lange keinen festen Boden unter den Füßen«, sagte ich. »Die Erde fühlt sich komisch an. Als würde sie zugleich still stehen und sich bewegen.«

»*Muy loco,* sehr verrückt«, sagte Stephan. »Was habt ihr gemacht, die Tage in Boot?«

»Angeln, Wasser machen, schwimmen.«

»Das Meer ist schlecht.«

»Ja. Oft, aber ...«

»Aber?«

»Es *konnte* ein Monster sein. Aber es ist auch das Allerschönste. Morgens war es im Nebel manchmal wie Milch. Bei Vollmond war es ein Fluss aus Licht. Manchmal sah es aus, als könnte man darüberlaufen.«

»Ihr habt die Zeit mit Gedichten verbracht?«, spottete er.

»Eigentlich mit Geschichten.«

»Geschichte?«

»Scheherazade. Geschichten von Dieben und Sultanen. Aya hat sie erzählt. Nicht wahr, Aya?«

Sie kratzte weiter Müll vom Boden, machte alles sauber.

»Warum setzt du dich nicht hin?«, sagte ich. »Vielleicht kannst du ja eine Geschichte erzählen?« Sie warf einen prüfenden Blick zu Stephan hinüber.

»Geschichte«, sagte er. »Du erzählst Geschichten?« Er nickte, als würde ihm in diesem Augenblick etwas klar. »Das ist für Kinder, nicht?«

Aya hockte sich neben mich.

Stephan beugte sich vor und flüsterte: »Vielleicht mag ich

Geschichten. Erzähl mir eine Geschichte von deinem Boot.«
Wieder sprach er Arabisch mit ihr, diesmal sanfter als vorher.
Er legte ihr die Hand aufs Knie. Sie entwand sich ihm, sprach
scharf mit ihm. Stephan lachte.

»Aya, alles okay mit dir?«, fragte ich. Sie nickte. »Was hat er
gesagt?« Sie schüttelte leicht mit dem Kopf, so als wollte sie sagen: *Frag nicht.* Dann sprach sie mit Stephan in ihrer Sprache.
In einer davon.

Sie kamen ins Gespräch. Ich lauschte und starrte ins Feuer.
Es ging in einem fort. Es schien okay zu sein, besser als vorher,
freundlicher. Ich war froh.

Als ich einschlief, rollte Aya sich ein Stück von mir entfernt
und weit weg von Stephan zusammen.

Tag wie viel? Ich weiß es nicht. Die Tage verschmelzen.
Es gibt jetzt keinen Grund mehr, sie zu zählen.
Wir werden leben. Die Welt des Boots und der Sonne sind
mehr Albtraum als eine Erinnerung.
Wir haben jetzt ein neues Leben auf dieser Insel und die ist
so etwas wie das Paradies.
Man würde es nicht glauben, wenn man sie mit anderen
Augen als unseren sieht, weil es da draußen außer ein paar
Bäumen, Felsen und Sand ja kaum etwas gibt. Wenn der
Morgen dämmert, ist die Insel rosa, tagsüber ist sie sandig
und heiß. Bei Sonnenuntergang dann brennt der ganze
Himmel, als würde er in Flammen stehen.
Jenseits des Ufers erstreckt sich ein tiefes Blau, das bis zum
Horizont reicht.
Aya fängt Fische im seichten Wasser.

Stephan hat einen Beutel mit Hafer, auch wenn ich nicht weiß, wo er ihn versteckt.

In den Bäumen hat er einen Bienenstock gefunden. Er hat ihn uns gezeigt. Wir haben ein Feuer darunter angezündet und die Bienen ausgeräuchert und ihren Honig gestohlen. Aya und Stephan stehen oben auf der Klippe und rufen, während ich runterklettere und Eier stibitze.

Wir haben wieder zugenommen. Aya ist ein bisschen runder geworden. Ich auch. Unsere Körper nehmen alles und klammern sich an jeden Bissen.

Ihr Englisch ist noch mal besser geworden. Sie verwendet alle Wörter, die sie neu gelernt hat, außer wenn sie wütend ist, dann spricht sie abgehackt und scharf oder zischt in der Berbersprache. Ein paar Wörter lerne ich auch von ihr. Wenn wir unseren »Unterricht« machen, langweilt sich Stephan und verdrückt sich. Und dann sind es wieder nur wir zwei.

Nur wir zwei ist gut. Da ist dieses Etwas zwischen uns. Ich weiß nicht, wie ich es nennen soll. Aber das bin ja ich, der sie aus ihren Albträumen holt. Und es ist sie, die meinen Kopf hält, wenn ich zittere und mir der kalte Schweiß ausbricht. Wir können beide noch spüren, wie das Lied des Wals das Boot zum Schwanken brachte. Ich glaube, Menschen könnten eine lange Zeit zusammenleben, ohne so viel miteinander zu teilen wie wir. Man sucht sich das ja nicht aus. Aber bei uns ist es eben so. Wir hatten keine Wahl. Aber diese Zeit auf dem Boot, sie ist in ihr und in mir. Und wird es immer sein.

Aber in dieser letzten Nacht auf dem Boot sind wir zusammen eingeschlafen. Das passiert hier nicht.

Wir haben zwei große Sorgen.

Die eine ist Stephan – wie seine Stimmung schwankt und dass er der Chef sein will. (Meistens lassen wir ihn.)

Die zweite ist, dass nirgends ein Boot oder Flugzeug zu sehen ist. In England könnte ich, wenn ich nur lange genug hinsehen würde, in einer klaren Nacht einen Satelliten sehen. Aber hier? Nicht mal das.

Wie weit entfernt sind wir von Schifffahrtswegen und Flugstrecken?

Mir kommt es vor, als hätte der Sturm uns in eine andere Welt katapultiert, an einen Ort, der niemals erreicht oder gefunden werden kann. Oder verlassen.

Aya hat mir von ihrem früheren Leben erzählt. Gute Sachen, glückliche Erinnerungen. Von einem Leben in den Hügeln im Sommer und im Winter im Dorf.

Ich habe ihr von den Wanderungen im New Forest erzählt und von dem Grün der Bäume und der Wiesen. Wie ich eines Tages auf einen Hirsch gestoßen bin und Benji an der Leine zog und der Hirsch dort einfach stand und uns minutenlang angestarrt hat.

Was machen wohl Mum und Dad? Sind sie auf den Kanaren, versuchen sie immer noch, mich zu finden? Oder sind sie zu Hause und starren auf den leeren Stuhl am Tisch? Und wie schaffen sie es, einfach über irgendwas zu reden? Haben sie noch Hoffnung?

Ich fühle mich schlecht, wenn ich daran denke. Es tut mir leid, dass sie das durchmachen müssen.

Es ist schwer. Und es ist verrückt, an was ich mich erinnere, was ich erzähle, was ich fühle, wenn Aya mich fragt, wie mein Leben ausgesehen hat.

4

Wir machten ein riesiges Kreuz aus Seetang und Blättern, sodass man es aus einem Flugzeug sehen könnte. Holz hatten wir genug, um das Feuer in der Hütte in Gang zu halten, für ein Signalfeuer reichte es aber nicht, das Kreuz war das Beste, was wir tun konnten.

Außerdem teilten wir uns auf. Jede Stunde sollte einer von uns auf den höchsten Punkt in der Nähe des Leuchtturms steigen, um Ausschau zu halten. Meistens waren es Aya oder ich, die gehen mussten, weil Stephan sich herausredete, er müsse Holz oder Muscheln sammeln.

Einmal angelten wir beide (Aya und ich) am Ende der Landzunge. Ich hatte einen Schwimmer aus Holz gebastelt und probierte ihn aus. Es biss nichts an, aber ich wollte nicht mit leeren Händen zurück. Also blieben wir, obwohl ich eigentlich hätte Ausschau halten müssen.

Stephan tauchte hinter uns auf.

»Oi!«

»Psst«, zischte ich, »du verscheuchst die Fische.«

Er kam näher und baute sich mit verschränkten Armen vor uns auf.

»Was ist?«, fragte ich.

»Warum guckst du nicht?«

»Ich habe nicht auf die Zeit geachtet«, murmelte ich. »Außerdem hatten wir gestern schon zweimal Muscheln. Ich will Fisch.«

»Was, wenn ein Boot kommt?«

Der Schwimmer hüpfte im Wasser auf und ab. Am liebsten hätte ich ihn gezwungen, unterzugehen, damit endlich etwas anbiss.

»Ich sage«, wiederholte er, »was, wenn ein Boot kommt?«

Er sah Aya scharf an. Sie rutschte herum, als wolle sie aufstehen.

»Ich bin dran«, sagte ich. »Nicht du.«

Sie blickte zu Stephan. »Wir müssen das nicht machen«, sagte sie zu ihm.

Stephan schnaubte. »Geh!« Er zeigte mit dem Finger zum Leuchtturm hinauf und stampfte mit dem Fuß auf. Aya zog die Nase hoch und starrte reglos aufs Wasser. Stephan warf uns einen wütenden Blick zu, wartete, dass wir seinen Befehl befolgten. Aber das taten wir nicht. Er war ein Idiot. Seltsamerweise tat er mir leid.

»Was, wenn ein Boot kommt?«, beharrte er.

Wir antworteten nicht. Wir mussten nicht. Wir wussten, dass da kein Boot war. Genauso wie er. Eine Weile stand er noch da, dann ging er.

Danach guckten wir jeden Tag seltener, ohne Plan, nur wenn wir Lust hatten. Und nie, wenn Stephan es uns auftrug.

Und bald darauf hielten wir kaum noch Ausschau. Wir sprachen auch nicht mehr über Rettung. Wir hatten bereits alles gesagt, was es dazu zu sagen gab.

5

Er war allein, wir waren zwei und wir waren stark. Die Insel gehörte ihm nicht mehr.

Die Hütte am Leuchtturm *gehörte* ihm, und er gab uns ständig zu verstehen, was für ein Glück wir doch hatten, dort schlafen zu dürfen. Er *verhielt* sich allerdings, als würde er uns dort nicht haben wollen; er nannte uns Barbaren, wenn wir Muscheln und Fischaugen und Fischgehirne runterschlangen. Aber er brauchte uns Barbaren, um zu fischen und zu töten und auf Bäume zu klettern und Kokosnüsse runterzuschlagen, wenn er das nicht selbst machen wollte. Außerdem brauchte er unsere Gesellschaft. Wenn wir davon sprachen, uns unseren eigenen Unterschlupf zu bauen, erklärte er, wie schwierig das würde und dass wir kein Material dafür hätten. Wir alle wussten, dass das nicht stimmte.

Er war wochenlang allein gewesen. Ich glaube, das hat ihm am meisten Angst gemacht hat. Allein sein.

Wir saßen draußen am Feuer und redeten.

»Heute war es ein guter Fang«, sagte ich. »Der Schwimmer hat funktioniert.«

Es war ein großer Fisch, den wir gefangen hatten; ein glotzäugiges Tier mit offenem Maul und festem grauen Fleisch. Wir feierten den Fang mit ein paar Schlückchen Rum.

Der Rum war, wie andere Sachen auch, wie von Zauberhand

aufgetaucht. Wir wussten, dass Stephan irgendwo ein geheimes Lager hatte. Manchmal fragten wir uns, was er sonst noch versteckt hatte, aber wir fragten ihn nicht.

»So einen haben wir noch nie gefangen«, sagte ich. »Liegt bestimmt daran, dass ich den Schwimmer benutzt und den Haken tief reingedrückt habe. Was ist das wohl für einer?«

Stephan zuckte mit den Schultern. »Ich weiß den Namen nicht mehr.«

»Du bist ein Fischer und kennst diesen Fisch nicht?«, spottete ich.

Aya funkelte mich an.

»So was haben wir nie gefangen«, sagte er.

»Ach so?«, sagte ich. »Was habt ihr denn dann gefangen?« Der Rum brannte in meinem Bauch. Ich nahm noch einen kräftigen Schluck. »Was für Netze habt ihr eigentlich verwendet?«

»Du stellst viele Fragen«, sagte Stephan ruhig. Er streckte die Hand aus und nahm mir die Flasche weg. Und behielt sie.

»Warum bist du nicht einfach ehrlich?«, fragte ich.

»Ehr-lich?«, sagte er stirnrunzelnd, als würde er das Wort nicht kennen.

»Ja. Ehrlich. Was ist deine Geschichte?«

Er lächelte. »Ich habe keine Geschichte zu erzählen. Ich bin kein Geschichtenerzähler. Aber *du*, Aya. Bill sagt, du erzählst Geschichten. Warum erzählst du nicht eine?«, fragte er und versuchte, das Thema zu wechseln.

»Aber das ist nur für Kinder«, sagte Aya. »Du willst keine Geschichte für Kinder hören, Stephan.«

Er schluckte ihren Sarkasmus, lächelte und nickte. »Na ja«, sagte er, »die Nächte sind lang.«

»Bitte«, sagte ich zu Aya. »Warum nicht? Es ist lange her, dass wir auf dem Meer waren und du Geschichten erzählt hast.«

»Ja«, sagte Stephan. »Erzähl uns.«

»Nein«, sagte Aya.

Aber wir ließen nicht locker, bis sie schließlich seufzte und sich, auf der anderen Seite des Feuers, auf einen Felsen hockte, das Kinn auf den Knien, die Stirn gekräuselt, einen Augenblick überlegte und sich von innen in die Wange biss.

»Die Sonne ging auf«, begann sie schließlich. »Scheherazade hatte die Geschichte von Lunja, der Diebin, noch nicht zu Ende erzählt.«

»Ach so? Wie hat Lunja sich denn gerettet?«, fragte ich. »Was hat sie denn dem Sultan erzählt?«

Stephans verwirrter Blick wanderte von mir zu ihr, weil wir anfingen, wo wir aufgehört hatten, bei Lunja, die gerade gefasst worden war, und jetzt verlangte der Sultan eine Erklärung, wie sie an den Rubin gekommen war.

»Jetzt musst du zuhören, Bill«, schimpfte Aya. »An diesem Abend erzählte Scheherazade dem König, wie Lunja die Geschichte vom großen Dschinn erzählt hatte, um zu erklären, wie sie in den Besitz des großen Rubins gekommen war, und so ihr Leben zu retten. Sie erzählte ihm die Geschichte vom Dschinn, Diener des in der Sonne geschmiedeten Dämons, Diener des unzähmbaren Shaitan, der niemals niederknien und sich dem Menschen beugen wird. Kein Mensch kann diesen Dschinn besiegen. So stand es geschrieben.

Der König sagte zu Scheherazade: ›Wenn dieser Dschinn nicht besiegt werden kann, warum wandelt er dann nicht auf Erden?‹

›Oh, aber er *wurde* besiegt‹, sagte Scheherazade.

›Aber wer kann den Dschinn besiegen? Kein Mensch, hast du gesagt. Ein König?‹

›Nein.‹

›Ein großer Krieger, der beste des Königs?‹

›Nein. Der Schattenkrieger war ein *Mädchen.*‹

›Ein Mädchen kann keinen Dschinn besiegen‹, sagte der König. ›Das ist eine dumme Geschichte.‹

Scheherazade sagte: ›Wenn du meinst. Glaub, was du willst.‹

›Du sollst nicht so mit mir reden‹, sagte der König.

›Warum, Herr, wirst du mich dann töten?‹

Der König schwieg. Er war sehr stolz und mochte es nicht, wenn Scheherazade so mit ihm sprach. Aber er war ... wie heißt das Wort, Bill? Wenn du mehr und mehr und mehr wissen willst?«

»Neugierig.«

Stephan beobachtete und lauschte und schlürfte seinen Rum.

»Ja, der König war *neugierig*, wie du und du.« Aya deutete auf uns beide. »Und er liebte Scheherazades Geschichten. Er sagte: ›Wie hat das Mädchen den Dschinn besiegt?‹

›Mein König‹, sagte Scheherazade. ›Das ist die Frage, die der Sultan Lunja stellt. Und Lunja erzählt ihm diese Geschichte ...‹«

DIE SCHATTENKRIEGERIN

Es war einmal eine Zeit vor den Moscheen, Kirchen und Synagogen. Vor der Schrift und dem Gesetz. Eine Zeit, in der Dämonen und Ungeheuer durchs Land streiften und über Meer und Himmel herrschten wie Könige.

Doch nach vielen Jahren übernahmen Menschen, die in Angst vor diesen Dämonen und Ungeheuern gelebt hatten, die Herrschaft über das Land. Die Wälder wurden gerodet, um Holz zu gewinnen, die Ebenen mit Städten bebaut, die Meere wurden befahren und Seekarten wurden gezeichnet.

Die Welt wurde gezähmt, wie ein wildes Pferd gezähmt wird oder wie ein Dschinn gefangen und in eine Vase eingesperrt werden kann. Die Menschen wurden reich und fett. Die Ungeheuer wurden getötet oder verbannt.

Das war ein goldenes Zeitalter. Doch es gab einen Dschinn – der Diener dessen, der einmal ein Engel gewesen war und aus dem Himmel vertrieben wurde, weil er sich den Menschen nicht beugen wollte –, der nicht besiegt werden konnte.

Er verschwand für viele Jahre. Die Leute glaubten, er sei in eine andere Welt geschickt worden. Aber dann tauchte er wieder auf, so plötzlich wie ein Sommersturm über dem Meer.

Mit einer Riesenwelle zerstörte er eine Küstenstadt. Über die Ebenen schickte er einen Wirbelsturm, der die Ernten ruinierte und Häuser wie Zweige zerbrach. Der Stadt, prall mit Menschen gefüllt wie ein Glas mit Beeren, schickte er eine schlimme Seuchenplage.

Er tötete ohne Gnade. Und wo immer er erschien, flüsterte er den Dichtern eine Botschaft ins Ohr. Auf den Marktplätzen und Höfen verkündeten sie sodann:

Ich bin dunkler als das Grab um Mitternacht.

Ich bin mächtiger und schrecklicher als das Feuer.

Ich bin böser als der Shaitan.

Überall im Land erzählte man sich Geschichten über den Dschinn. Für jede Angst, die einen Namen hatte, gab es eine Geschichte: »Der Dschinn hat viele Arme und Klauen und labt sich am Fleisch seiner Feinde.«

»Der Dschinn ist eine Riesenschlange, die Feuer spuckt wie die Sonne.«

»Der Dschinn ist eine wunderschöne Frau, deren Lied die Seeleute in den Tod lockt.«

»Der Dschinn ist ein Mann, aber kämpft man mit dem Schwert gegen ihn, dann wird sein Körper ein eiserner Schild. Ringt man im Wasser mit ihm und will ihn ertränken, ist er wie ein Fisch.«

Niemand wusste, wie der Dschinn wirklich aussah. Wer ihm begegnet war, konnte nicht mehr davon erzählen.

Zu jener Zeit herrschte ein großer König über das Land. Die Menschen gehorchten ihm bedingungslos. Nur eines verlangten sie von ihm: dass er den Dschinn aus der Welt schaffte.

Also sagte er: »Ein wahrer Krieger wird den Dschinn besiegen! Alles, wonach er verlangt, soll ihm gewährt werden.«

Natürlich wollten die Leute den Tod des Dschinns, doch keiner wollte gegen ihn kämpfen. Also sagte der König: »Töte den Dschinn, und du wirst meine Tochter zur Frau nehmen und mein Sohn sein, und wenn ich nicht mehr bin, werdet ihr gemeinsam herrschen.«

Viele kamen. Der erste Krieger war ein großer Bogenschütze. Er glaubte, den Dschinn aus der Ferne töten zu können, mit einem einzigen Schuss. Für viele Tage verschwand er in den Bergen. Als er zurückkehrte, hatte das Licht des Dschinns ihn geblendet. Er jammerte: »Der Dschinn war zu schnell. Jetzt werde ich nie mehr meinen Bogen aufheben.«

Der zweite Krieger war der beste Reiter im Land. Er glaubte, er könne schnell reiten und dem Dschinn die Beine abhacken, sodass er umstürze wie ein Baum. Danach wollte er dem Dschinn ein Messer ins Herz bohren. Aber auch er kehrte erst nach vielen Tagen zurück. Ein Bein und Arm waren ihm abgehackt worden und er ging an einem Stock. Der Reiter klagte: »Ich werde nie wieder ein Pferd reiten oder ein Schwert schwingen.«

Die Angst der Leute wurde noch größer. »Wie hat der Dschinn ausgesehen? Was hat der Dschinn getan?«, riefen sie.

»Ich habe ihn aus der Ferne gesehen. Ein wandelnder Schatten, der durch die Bäume brach. Er hat mich überrascht. Ich habe mein Schwert weggeworfen und bin schnell fortgeritten, aber er war schneller!«

Als Nächstes ging der klügste Mann des Landes – ein großer Philosoph – zum Berg. Er wusste, dass der Dschinn stark und schnell, aber auch stolz war. Er wusste, dass er den Dschinn niemals mit einem Schwert oder großer Kraft würde besiegen können, sondern nur mit seinem Verstand.

Er forderte den Dschinn heraus. Er wollte ihm ein Rätsel stellen, und wenn der Dschinn die Antwort nicht wüsste, würde er verschwinden und zur Sonne, der Heimat des Shaitan, aufsteigen. Doch nach vielen Tagen kehrte der Mann zurück und redete nur wirres Zeug. Sein Verstand war nicht mehr größer als der eines Babys. So geschah es wieder und wieder. Ganz gleich, welche Fähigkeiten ein Krieger hatte, ganz gleich, wie stark oder klug er war: Der Dschinn besiegte sie alle.

Eines Tages jedoch erklärte ein Mädchen namens Thiyya, was soviel wie Schönheit bedeutet, dass sie zum Dschinn gehen und ihn dazu bringen werde, das Königreich zu verlassen.

Der König lachte: »Du bist ein Mädchen. Du kannst kein Pferd reiten, du kannst kein Schwert schwingen, du hast nicht die Kraft, einen Bogen zu spannen. Du bist zu arm, um gebildet zu sein. Du bist nicht klug, sondern so dumm zu glauben, dass du den Dschinn besiegen wirst.«

Thiyya stand vor dem König und sah ihm in die Augen. Sie sprach mit klarer und lauter Stimme: »Ich bin scharfsichtig wie ein Falke. Stark nicht wie eine mächtige Eiche, aber wie ein junger Baum, der sich im Wind beugt und alle Stürme übersteht. Ich bin klug, aber nicht wie der Kaufmann, der die Menschen bestiehlt, sondern wie der Dieb, der den Kaufmann bestiehlt.«

Der König sagte: »Wie soll deine Belohnung aussehen, wenn du den Dschinn besiegst? Was wünschst du dir?«

»Meine Familie, oh König, ist arm. Wir sind hungernde Diener, nicht mehr als Sklaven, und ich bin einem Mann versprochen, den ich nicht heiraten will. Wir wollen unsere Freiheit. Wir sind freie Menschen.«

Die Höflinge hielten den Atem an. Es gab das Gerücht, dass einige der freien Menschen Ungeheuer und Monster verehrten und den Engel, der sich nicht beugte, anbeteten.

»Nein! Das kann ich dir nicht gewähren. Ich biete dir einen Schatz!«

»Wir wollen keinen Schatz. Wir wollen Freiheit.«

»Die werde ich euch nicht geben«, sagte der König.

»Dann wirst du den Dschinn niemals besiegen.«

Also versprach der König Thiyya die Freiheit. Was hatte er schon zu verlieren? Er glaubte ja nicht, dass das Mädchen aus den Bergen zurückkehren werde. Und falls sie doch zurückkehrte, würde auch sie ein Krüppel, blind oder verrückt oder noch Schlimmeres sein.

Thiyya ging allein. Sie ließ die Stadt und die Felder weit hinter sich. Sie wanderte dorthin, wo keine Bäume wachsen, hoch hinauf in die Berge, wo es nur den Himmel gibt und Felsen und Schnee. Als sie dort anlangte, wo weder Mann, Frau noch Kind jemals gejagt oder ein Feuer entzündet hatte, hielt sie inne. Hier, wusste sie, würde sie den Dschinn finden. Sie kniete nieder und schaute zur Sonne hinauf.

»Komm, Dschinn, erscheine, du, der ...

Dunkler ist als das Grab bei Mitternacht,

Mächtiger und schrecklicher ist als das Feuer,

Böser ist als der Shaitan.«

Und eine Stimme, die in die Ohren der Dichter geflüstert hatte, sagte:

Ich bin hier.

»Aber ich kann dich nicht sehen.«

Und doch bin ich hier. Und kann nicht besiegt werden.

»Ich kenne dich, Dschinn. Ich kenne deine Macht. Ich habe keine Albträume, die du wahr werden lassen könntest. Meine Familie verhungert. Sie ist arm und versklavt. Mein Leben ist an einen Mann gebunden, den ich nicht heiraten will. Wenn du mich tötest, wird es eine Gnade für mich sein.

Also bist du es, der mich nicht besiegen kann. Weil du dich von der Angst ernährst. Der Bogenschütze hatte Angst, sein Augenlicht zu verlieren, der Reiter hatte Angst, seine Schnelligkeit zu verlieren, und der Philosoph hatte Angst, seinen Verstand zu verlieren. Ich fürchte nichts. Ich kenne dein Geheimnis. Mehr noch: Ich kenne deinen *Namen*!«

Die Erde bebte, die Luft erzitterte.

Meinen Namen?, sagte der Dschinn. Und Thiyya wusste, dass sie siegen würde.

»Ja, deinen Namen. Du bist Nichts.

Nichts ist dunkler als das Grab bei Mitternacht.

Nichts ist mächtiger und schrecklicher als das Feuer.

Nichts ist böser als der Shaitan.

Dein Licht brennt und leuchtet, aber es gibt Orte, an die eine solche Macht nicht gelangt. Und das ist der Schatten auf meinem Herzen, das leer ist, weil ich keine Angst habe.«

Der Dschinn hatte keine Macht über Thiyya. Denn es stimmte. Sie hatte keine Albträume, die er noch hätte wahr werden lassen können.

Mich zu kennen, ist, mich zu besiegen, sagte der Dschinn, *und ich werde weichen, aber zuvor mache ich dir ein Geschenk.* Und er gab ihr einen Edelstein.

Das ist Feuerherz, sagte er. *Er brennt mit einem Feuer, das von der Sonne stammt. Lass sein Licht den Schatten auf deinem Herzen vertreiben. Denn es ist nicht weise, ohne Angst zu leben.*

Und so verschwand der Dschinn und kehrte zu seinem Meister zurück, der für immer in der Sonne brennt. Und Thiyya kehrte zum König zurück, der sein Versprechen hielt: Thiyya und ihre Familie waren frei.

Lunja verbeugte sich.

Der Sultan betrachtete den Rubin. Er betrachtete ihn sehr genau. Aber sein Umhang mit den Juwelen, die er den Menschen gestohlen hatte, leuchtete so stark, dass das Licht ihn blendete.

Er war wie die Sonne! Und das Licht dieser Sonne war *so* stark, dass der Rubin Feuerherz ihm öde erschien. Es war nicht der Rubin seiner Träume.

Er sagte: »Wie bist du in den Besitz dieses Rubins gekommen?«

»Thiyya war meine Mutter, großer Sultan«, sagte Lunja.

Da lachte der Sultan. »Es ist eine haarsträubende Geschichte. Ich glaube dir nicht, Diebin. Ich glaube, du hast es gestohlen, dieses ... dieses ...« Er musterte wieder den Rubin. »Dieses Stück Glas.«

»Nein, nein, großer Sultan«, flehte Lunja. »Es ist ein betörender Edelstein, er wird das beste Stück in Eurem prachtvollen Umhang sein. Bitte, nehmt ihn.« Und sie bot ihm Feuerherz an. Er sah sie an und dachte: Ich werde mich nicht von einer Diebin zum Narren halten lassen. Also schlug er ihre Hand weg und der Rubin fiel in den Staub. Und der Sultan lachte und alle lachten mit ihm.

Und sie alle gingen davon.

Jeden Morgen nimmt die Sonne den Sternen am Himmel das Licht. Das ist der Sultan, der sich alle Edelsteine des Landes für seinen Umhang nimmt. Doch das Licht des Morgensterns kann er nicht sehen, obwohl es gleich vor seiner Nase scheint. Und er sucht nach ihm. Jeden Tag. Für immer.

»Und Lunja?«

»Sie war frei.«

»Aber ihre Mutter war die wahre Königin. Thiyya war nicht *wirklich* ihre Mutter. Lunja war also die rechtmäßige Herrscherin«, sagte ich.

»Ja, aber es reichte ihr, dass sie frei war. Vielleicht wird Lunja in einer anderen Geschichte Königin. Aber nicht in dieser. Es reicht, dass sie eine Geschichte erzählt hat, um ihr Leben zu retten.«

»Aya, all diese Sonnenherrscher und Könige und Sultane«, sagte ich. »Geschichten in Geschichten. Das ist verwirrend. Denkst du dir das alles aus?«

Aya grinste. »Manchmal ja, warum nicht? Aber die meisten weiß ich. Die Geschichten sind hier, das ist das Buch.« Sie tippte sich an den Kopf.

»Sind alle Helden in deinen Geschichten Mädchen?«, fragte Stephan und schlürfte den Rum.

»In denen, die ich gehört habe, schon«, sagte ich. »Ich liebe diese Geschichten. Hast du sie von deinem Onkel gelernt, Aya?«

Sie sah Stephan an, der dasaß und sie beobachtete, und überlegte, bevor sie eine Antwort gab.

»Ja.« Ihre Stimme war weich und leise. »Vom Onkel. Auch von der Mutter. Sie erzählte sie zum Einschlafen. Viele Jahre lang.«

»Hattet ihr keinen Fernseher, Filme?«, fragte Stephan.

»Ich habe Filme gesehen«, sagte sie.

»Wo?«

»Zeit zu schlafen«, sagte sie.

»Ich will nicht schlafen«, sagte Stephan. »Wie geht *deine* Geschichte, Aya?«

»Ich will nicht erzählen«, sagte sie und schob das Kinn vor.

»Warum nicht? Hast du ein Geheimnis?«

»Wie sieht es mit dir aus, Stephan?«, sagte ich. »Aya hat dich gesehen, bevor ihr Boot abgelegt hat.« Ich platzte damit heraus, bevor ich mir auf die Zunge beißen konnte. Aber ich war wütend. Ich hasste es, wie er mit ihr umging.

Stephan nahm einen großen Schluck und starrte Aya an. Und sie hielt seinem Blick stand. Sie sah zugleich wütend und ängstlich aus.

»Keine Sorge«, sagte ich. »Ich werde es niemandem erzählen. Wenn wir gerettet sind. Aber du bist kein Fischerjunge, oder?«

Er stellte die Flasche ab. Eine Sekunde lang glaubte ich, er würde mich schlagen. Aber er seufzte nur und lehnte sich zurück.

»Mein *Vater* war Fischer«, sagte er. Er starrte Aya an, als würde er sie zum ersten Mal sehen. Ich bereute, was ich gesagt hatte.

»Und du?«, drängte ich.

»Ich mache viele Dinge. Wir müssen alle essen. Wir haben nicht alle reiche Eltern und ein leichtes Leben, England-Junge. Mein Vater war ein Fischer und *talvez*[19] es ist möglich, dass ich eines Tages auch ein Fischer sein werde, falls ich genug Geld verdiene, um ein Boot zu kaufen. Aber dieser Job kann einen umbringen, verstehst du? Man kann sterben, bevor man alt wird. Man arbeitet hart für keinen Fang und kein Fang ist kein Geld. Du verstehst?«

»Ja.«

»Nein, tust du nicht. Und du? Erzählst du uns alles?«

»Klar. Ich habe nichts zu verbergen.«

»Dann hast du Glück. Und?«, sagte Stephan.

»Und was?«

[19] *vielleicht*

144

»Dein Leben, was du bist.«

»Na ja, ich ... gehe zur Schule. Ich habe Freunde. Einen Hund. Mum und Dad ... ich ... ich bin ein ganz normaler Junge. Nehm ich mal an.«

»Und was ist das?«

»Ich ... ich weiß nicht.«

Und ich dachte, dass mein Leben vielleicht gar nicht so normal war, nicht normaler als das Leben von Stephan, nicht normaler als das von Aya. Es schien nur normal. Ich hatte es für normal gehalten. Früher.

6

Am nächsten Abend sammelte ich Feuerholz. Kurz bevor es dunkel wurde, kehrte ich zum Unterschlupf zurück. Das Feuer war beinahe erloschen.

»Wie blöd kann man denn sein«, murmelte ich. »Aya, Stephan, wo seid ihr? Warum habt ihr es runterbrennen lassen?« Ich legte noch ein paar Holzklötze in die glühende Asche und rief noch einmal: »Aya!«

Draußen kam eine Brise auf. Wolken zogen am Himmel entlang, leuchtend orange im Sonnenuntergang.

Von Stephan war nirgendwo etwas zu sehen, aber Aya fand ich auf der Klippe. Ihr Haar tanzte im Wind um ihr Gesicht und ihre Schultern.

»Was machst du da?«, fragte ich. Sie drehte sich mit einem merkwürdigen Lächeln auf dem Gesicht zu mir um und streckte die Hand aus, damit ich sie fasste.

»Schau«, sagte sie.

Das Meer brauste. Schwarze Wellen brachen sich an den Felsen. Die See erwachte wieder zum Leben. Das da waren die größten Wellen, seit wir auf die Insel gekommen waren.

»Kannst du sehen?«, sagte Aya. »Wenn das passiert und wir im Boot sind?«

Ich sah. Und ich konnte es mir vorstellen.

»Wir hatten Glück im Sturm«, sagte ich. »So ein Glück hätten wir nicht noch einmal.«

»Nein?«

»Nein, nicht dass wir es jemals noch mal riskieren würden.«

»Und wenn kein Boot, kein Flugzeug kommt?«

»Die kommen schon, eines Tages.«

Aya runzelte die Stirn und wickelte sich in ihren Umhang.

»Wir hatten Glück, Aya«, sagte ich. »Den Sturm zu überleben, einander zu finden, die Insel zu finden. Ich sage Glück, es fühlt sich aber mehr wie ein Wunder an.«

»Wunder?«

»Etwas Unmögliches. Etwas wahrhaft Unmögliches.«

»Oh. Du willst ein Wunder sehen?«, sagte sie mit einem geheimnisvollen Lächeln.

Aya griff in ihren Umhang und holte eine kleine Kokosnussschale hervor. Darin lag ein Bündel aus Stoff. Wir setzten uns, und ich sah zu, wie sie ganz behutsam auswickelte.

Im Abendlicht glänzten die Steine sogar noch heller als damals auf dem Boot. Sie funkelten und strahlten, glitzerten saphirblau, smaragdgrün, kobaltblau.

»Ich habe dich mit ihnen gesehen. Auf dem Boot. Ich dachte schon, ich hätte es mir vielleicht eingebildet. Du bist reich.«

»Nein, bin ich nicht. Dies ist der Schatz meines Dorfes. Edelsteine sind leicht. Und leicht zu verstecken«, sagte sie.

»Wie hast du das geschafft?«

»Ich werde es dir erzählen. Später. Meine Geschichte. *Mais, ils sont magnifiques, non?*[20]«

»Wie viel sind sie wert?«

»Ich weiß nicht. Aber es ist viel, Bill. Viel. Weißt du, ein paar Männer, sie haben sie meinen Leuten gestohlen. Ich habe sie

---

[20] *Aber sie sind herrlich, nicht wahr?*

zurückgeholt. Und ich werde nach Hause gehen, eines Tages, mit diesen Steinen.«

Ich nahm einen Stein von dem Stück Stoff in ihrer Hand, einen kleinen blauen Kieselstein mit einem Herz aus glimmendem Licht. Als ich ihn gegen die sinkende Sonne hielt, erstrahlte das Licht in ihm.

»Wow«, murmelte ich. Aya machte es genauso, mit einem weißen, perlenartigen Opal.

»Ja, wow«, sagte sie mit einem Grinsen.

Wir waren wie hypnotisiert von den Steinen. Wir hörten nicht, wie Stephan sich von hinten an uns heranschlich.

»Ah«, sagte er. »Ein Schatz für einen Sultan.«

Wir waren Kinder, die man mit der Hand im Marmeladenglas erwischt hatte. Ich ließ meinen Stein fallen und kroch, auf der Suche nach ihm, durch Sand und Staub. Aya verbarg das Bündel hinter ihrem Rücken.

Wir starrten ihn an und er starrte uns an. Keiner sagte ein Wort.

Er trat vor. Wir wichen zurück, rückten enger zusammen.

Der Wind zerrte an uns.

Er machte noch einen Schritt. Wir blieben, wo wir waren. Er starrte uns an, wie irre und voller Gier. Der ausgehungerte Wolf, der sich nicht sicher war, ob die Jagd das Risiko lohnte.

Stephan spuckte auf den Boden, dann drehte er sich um und ging.

In dieser Nacht kam er nicht zur Hütte.

Wir warteten auf ihn, aber wir suchten ihn nicht. Ich nahm an, dass er keine besonders gute Laune hatte und nicht glücklich über unser »Geheimnis« war, aber wir dachten uns, dass er früher oder später schon wiederauftauchen würde.

»Ich werde ihn doch suchen gehen«, sagte Aya irgendwann.

»Nein. Besser, wir lassen ihn jetzt erst mal in Ruhe.«

Später döste ich ein. Ich wollte nicht, es passierte einfach. Als ich aufwachte, war das Feuer niedergebrannt, bloß noch glühende Zweige.

Ich setzte mich auf, rieb mir die Augen und legte einen Holzklotz nach.

Aya war nicht da. Draußen pfiff der Wind. Die Wellen krachten in einem fort gegen die Küste. Irgendetwas stimmte nicht.

»Aya, wo bist du?«, rief ich. Vielleicht war sie Feuerholz holen gegangen. Der Mond schien hell. Oder sie suchte Stephan.

»Aya«, rief ich wieder. Ich stand auf, mein Körper war ganz steif.

Das hier war komisch. Falsch. Ich trat aus der Hütte und suchte die Gegend rund um den Leuchtturm ab. Wo konnten sie nur sein? Ich lief über die Insel, dahin, wo das Boot lag. Ich kam nicht weit, bevor ich sie schreien hörte.

Sie kamen vom Boot zurück. Er hielt sie am Arm. Aya wand sich und versuchte, sich seinem Griff zu entwinden, aber er zerrte sie mit sich.

»Lass sie!« Er ließ los, hob die Hände, lächelte.

Ich lief zu ihr hin, aber sie wehrte mich mit weit aufgerissenen Augen ab, zischte wie eine Schlange und rieb sich den Arm. Sie wich zurück.

Ich stürzte mich auf ihn und stieß ihn vor die Brust, dann hob ich die Faust, bereit, ihn zu schlagen. Er wich zurück, hob schützend die Arme und grinste.

»Okay, England-Junge, okay. Aber du bist schwach. Mach

nichts Dummes.« Er hatte recht. Er war größer und konnte mich locker fertigmachen. Er konnte auch Aya schikanieren, wenn ich nicht da war. Aber er konnte nicht beides auf einmal.

»Was habt ihr gemacht?«, fragte ich.

»Hat sie dir vom Boot erzählen? Warum sie drin war? Warum sie geflohen ist? Sie ist das Mädchen, das die Männer suchen. Im Hafen.«

»Welche Männer? Welcher Hafen?«

»Okay, okay. Du willst es wissen? Ich zeige es dir.« Er griff in seine Tasche und holte einen großen Schlüssel hervor. »Ich zeige es. Essen, Leuchtsignale, wenn ein Boot kommt. Alles. Dann wir reden über Geld.«

Er marschierte los, Richtung Leuchtturm. Aya rieb sich den Arm.

»Hat er dir wehgetan?«, fragte ich. Sie schüttelte den Kopf.

Ich rief ihm nach: »Was meinst du mit ›Geld‹?«

»Das Mädchen hat Geld. Ich wusste das. Keiner reist ohne. Jetzt habe ich die Diamanten gesehen.« Er blieb stehen und drehte sich um. »Du gibst mir welche, vielleicht helfe ich ihr dann, wenn sie von der Insel weggeht.«

»Weg...weggeht?« Ich konnte nicht glauben, was er da sagte. »Wie denn? Und wie kannst du ihr helfen?«

»Sie geht zurück, ein Mädchen, ganz alleine. Was, glaubst du, passiert ihr dann? Sie braucht mich.«

Ich folgte ihm stolpernd, verwirrt, neugierig. Was würde er mir zeigen? Wie konnten wir die Insel verlassen? Er klang, als sei er sicher, einen Weg zurück in die Welt zu wissen.

Ich holte ihn ein, als er gerade die Tür des Leuchtturms aufschloss. Ein kalter Hauch kam uns entgegen. Ich wollte wissen, was da war, und ging hinein.

»Ich kann nichts sehen«, sagte ich und meine Worte hallten in dem runden Raum wider.

»Ich hole Feuer«, sagte er, »dann siehst du was.«

Er ging zur Hütte. Ich blinzelte, versuchte, mich an die Dunkelheit zu gewöhnen, und streckte eine Hand in die Dunkelheit. Hier drinnen war es feucht und kalt.

»Hallo?«, sagte ich. Warum, weiß ich nicht. Niemand antwortete. Da war nur der Wind, der frische Luft hineinblies. Ich blieb stehen, ich wollte mich nicht darauf verlassen, dass Stephan mich nicht einschloss.

»Kommst du?«, rief ich.

Der Stoß traf mich hart in den Rücken. Ich fiel hin, mit dem Gesicht zuerst. Die Tür schlug zu und wurde verriegelt. Laut und endgültig. Ich blieb in der Dunkelheit zurück.

Ich rief nach Aya, bis ich heiser war. Ich hämmerte und trat gegen die Tür, bis meine Hände und Füße schmerzten. Ich lugte durch das Schlüsselloch, aber der Schlüssel steckte.

Dann Stille, voller Fragen und Hass auf mich selbst und meine Dummheit. Warum hatte er mich eingesperrt? Was wollte er von Aya? Was würde er mit ihr machen? Ich hoffte, dass sie sich versteckt hielt. Und wenn er sie fand, hoffte ich, sie würde kämpfen. Sie hatte das Messer. Und plötzlich wurde mir zu meinem Entsetzen klar, dass er sie töten konnte oder sie ihn töten konnte. Weil es auf dieser Insel keine Regeln gab. Keine Gesetze. Keine menschengemachten wenigstens.

Die sich den Leuchtturm hinaufschraubenden Stufen gab es schon lange nicht mehr. Immerhin gab es Löcher in den Wänden, wo einmal Fenster gewesen waren, aber die lagen hoch oben. Es führte kein Weg nach draußen. Ich war in einer Kammer, einem Gefängnis mit einer einzigen runden Wand.

Ich schrie und trat wieder gegen die Tür, obwohl es wehtat. Mir war jetzt klar, wie dumm es gewesen war, uns in Sicherheit zu wähnen oder zu glauben, dass Stephan einen Weg von der Insel wusste.

England-Junge. Das war alles, was ich war.

Ich war wütend. Auf ihn, auf mich, auf alles.

Ich wusste, dass ich aus meinem Gefängnis entkommen und mit ihm kämpfen musste. Ihn töten musste, falls es nicht anders ging.

»Denk das nicht«, sagte ich.

Meine Augen gewöhnten sich langsam an die Dunkelheit. Oben im Turm erkannte ich weitere Löcher. Ich wusste, dass ich rausklettern könnte, wenn ich nur das erste erreichte. Aber es lag viele Meter über mir. Ich tastete mich an den Wänden entlang und stieß auf ein paar rostige Metallstreben, die aus dem Mauerwerk ragten. Sie sahen nicht so aus, als würden sie viel aushalten. Aber ich war leicht. Und verzweifelt.

Die erste Strebe brach unter meinem Fuß. Aber die zweite hielt und ich stellte meinen Fuß schnell auf die nächsthöhere und griff mit der Hand nach der nächsten. Aus Angst, jede Sekunde zu fallen, drückte ich mich angsterfüllt gegen die Wand, verteilte mein Gewicht so gut es ging auf die Strebe, an die ich mich klammerte, und die, auf der ich stand.

Die harte Kante stach mir in die Fußsohlen. Es war eine Qual, so als würde man eine Leiter aus stumpfen Messern hochklettern. Doch langsam, jede Strebe vorsichtig prüfend, hievte ich mich zitternd hinauf, jeder neue Schritt schlimmer als der zuvor. Eine schartige Strebe schnitt mir in den Fuß. Zwischen meinen Zehen tropfte das Blut hervor. Ich kletterte weiter, weil ich *musste*, und erreichte das Fensterloch, zwängte meinen Körper hindurch, wo mir der brüchige Stein den Bauch blutig kratzte. Einen stabilen Eindruck machte das Mauerwerk nicht. Ich schwang meinen Körper herum, damit meine Beine nach unten zeigten.

Es war ein langer Weg nach unten. So hoch, dass einem schlecht wurde. Aber es fühlte sich an, als würden die Ziegel, die mich trugen, jeden Augenblick nachgeben. Ich musste einfach springen, aber eher war es ein Fallen. Es war ein dumpfer Aufprall.

Ich war verletzt. Ich hatte mir übel den Knöchel verdreht, meine Fußsohlen waren zerschnitten, aber ich taumelte in die Dämmerung.

»Aya!«, rief ich. »Aya!«

Ich stolperte zum Strand, doch als ich näher kam, hörte ich unsere Möwe krächzen. Ich folgte ihren Schreien.

Sie waren an den östlichen Klippen, wo die Felsen wie riesige Stufen zum Meer hinabführten. Die Möwe schoss herab, flog nah an sie heran und drehte dann ab.

Sie standen sich gegenüber und schrien sich auf Arabisch an. Ich sah, wie Stephan sich auf sie stürzte. Sie wich aus. Er war voller Zorn. Ich fragte mich, warum sie nicht weglief.

Erst als ich näher kam, sah ich, dass Aya das Messer hielt und wild damit herumfuchtelte, um sich Stephan vom Leib zu halten. Wenn er sie zu fassen kriegte, würde er sie leicht überwältigen können. Aber sie hatte das Messer. Es schimmerte im Mondlicht. Sie zeigte die Zähne und ihr Gesicht hatte einen wilden Ausdruck. Sie würde das Messer lieber benutzen, als ihm zu unterliegen.

»He!« Aya sah mich. Stephan nutzte den Moment, um sie am Handgelenk zu fassen. Sie kämpften. Aber er würde gewinnen.

»Aufhören!«, brüllte ich.

Sie rangen und drehten sich wie bei einem verrückten, misslungenen Tanz herum. Jetzt hielt er sie an *beiden* Handgelenken fest. Er stieß Aya Richtung Klippe. Ich sah, wie sie sich in seinem Griff wand, aber er stieß sie weiter, schneller, er nutzte seine Kraft. Er wollte sie an den Rand drängen.

Direkt an der Abbruchkante ließ sie das Messer fallen. Er stieß sie fort und versuchte es aufzuheben, die andere Hand schützend erhoben, falls sie sich auf ihn stürzte. Er griff unbeholfen nach dem Messer, schwankte aber und verlor das Gleichgewicht. Und war auf einmal weg.

Aya starrte dorthin, wo Stephan hinabgestürzt war, dann kam sie auf mich zugerannt.

Wir umarmten uns. Sie drückte ihr Gesicht an meinen Hals.

»Hat er dir wehgetan?«, fragte ich.

»*Non*«, murmelte sie. »Ich habe Ehre.« Ich ließ sie los und lief zur Klippe.

Er war tief gefallen. Arme und Beine ausgestreckt, lag er zwischen Seepocken und Seetang auf einem Felsen. Er lag auf dem Rücken, der Arm ein auf dem Kopf stehendes L, ein Bein im rechten Winkel abgespreizt. Seine Augen und sein Mund waren weit aufgerissen. Sein Kopf ragte über den Rand eines Meerwassertümpels. Im Mondlicht konnte ich sehen, wie sich das Wasser blutig färbte.

Unter Schmerzen kletterte ich hinab, bis ich nur noch ein paar Meter von ihm entfernt war.

Ich rief nicht seinen Namen, versuchte auch nicht zu erkennen, ob er noch atmete, ich suchte auch nicht in seinen Augen nach einem letzten Lebenszeichen. Er war tot. Ich wusste es. An dem Tag, als ich Aya auf ihrem Fass entdeckte, hatte ich gedacht, sie könnte vielleicht tot sein. Aber das hier war anders. Unumkehrbar.

Das war nicht Stephan, es war eine leere Hülle.

Aya war mir nach unten gefolgt. Wir betrachteten den Körper lange, ohne ein Wort.

»Warum?«, fragte ich schließlich. »Warum habt ihr gekämpft? Wollte er unser Boot nehmen?«

»Nein. Er kommt mit dem Boot auf dem Meer nicht klar.«

»Warum dann?«

Ihre Miene flößte mir Angst ein. Als hätte sie einen Dämon gesehen. Oder als wäre sie selber einer.

»Er wollen meine Steine. Er wollte mir helfen dafür, wenn wir zurückgehen. Aber ich gebe sie nicht her.« Sie spuckte aus und warf einen kalten Blick auf seinen toten Körper. Dann wurde ihr Blick sanfter und sie sah mich an.

»Wir haben gekämpft, ich wollte nicht …«

»Es ist okay, es war ein Unfall. Ich weiß. Ich habe es gesehen.«

Aber alles war so schnell gegangen. Hatte ich wirklich gesehen, was passiert war, oder nur, was ich sehen wollte? Dass er gefallen war …?

»Er ist gefallen. Es war ein Unfall«, sagte ich bestimmter, und ich war froh, dass ich nicht mit ihm hatte kämpfen müssen. Denn was wäre dann passiert? Was würde ich getan haben?

Eine Welle schwappte über die Felsen und der Tümpel lief über und ein Teil des blutigen Wassers floss ins Meer.

»Hier können wir ihn nicht lassen«, sagte ich. »Die Flut

kommt.« Die Felsen waren steil, es war einigermaßen leicht, sie runterzuklettern, aber eine Leiche hochzuschleppen würde schwer. »Sollen wir ihn beerdigen?«, fragte ich. »Beerdigt man jemanden, den man gerade erst um...«

»Das Wasser kommt«, sagte Aya. »Das Meer wird holen.«

So einfach war das für Aya.

Wir standen da und schauten. Ich sah ihre Schatten zuerst. Dann die Flossen. Das Wasser stieg. Nach und nach würde der Tümpel zu einem Teil des Meeres.

Es erschienen noch mehr von ihnen. Sie kamen an die Oberfläche, tauchten wieder, jagten in diese und jene Richtung. Sie waren nicht riesig. Aber groß genug. Wie besessen suchten sie nach der Quelle des Blutes, konnten die Leiche aber nicht erreichen.

»Wir können nicht einfach nur hier rumstehen«, sagte ich.

Aya kletterte ein Stück weiter hinab und watete bis zu der Stelle, wo Stephans Körper lag. Sie zerrte ihn durch das seichte Wasser. Sie gab ihm einen letzten Stoß. Die Leiche rutschte ins Meer.

Das Wasser schien zu kochen. Flossen tauchten an der Oberfläche auf. Schwänze schlugen.

»Sieh nicht hin«, keuchte ich. Aya blinzelte nicht. Dann kam der Schatten. Grau im dunklen Blau. Er war riesig. Der Körper wurde nach unten gezogen. Das Meer brauste.

»Sieh weg«, sagte ich.

Aber Aya sah nicht weg. Und ich auch nicht.

Noch lange nachdem die Haie wieder verschwunden waren, sahen wir aufs Wasser hinaus.

Ich hatte das hier nicht kommen sehen. Nichts davon. Es war furchtbar. Ich erinnerte mich an dieses Gefühl, es war wie ein Schlag in die Magengrube. Der Tag, an dem Oma uns erzählte, dass sie Krebs hatte. Der Tag, an dem Dad mir erzählte, dass er seinen Job verloren hatte. Der Moment, in dem das Seil riss und ich Wilko und die anderen in den Wellen verschwinden sah.

»Schlimme Dinge passieren«, sagte ich zu Aya. »Sie passieren, und man braucht lange, um es zu begreifen.«

Ich fühlte mich wie betäubt. Ich war entsetzt. Aber ganz nah heran kam das Gefühl nicht.

Wir hatten Stephan nicht lange gekannt. Vielleicht hätte ich dennoch mehr fühlen sollen, als ich fühlte. Oder mir Sorgen darüber machen, *dass* ich nicht mehr fühlte. Aber so war ich nicht. Ich akzeptierte es einfach.

Ich war nicht mehr der »England-Junge«.

7

Ein Sturm zog auf. Keiner wie der auf der *Pandora*. Der war aus dem Nichts gekommen. Dieser hier baute sich langsam auf. Die Wellen wurden kontinuierlich größer und der Wind nahm zu. Wir sammelten so viel Feuerholz, wie wir nur konnten. Ich holte einen Palmwedel vom Strand und fegte den Boden der Hütte. Wir trugen die Dosen in die Höhle, füllten sie mit Wasser.

Wir machten die Hütte zu unserem Ort, nicht mehr zu dem von Stephan. Ich fand sein T-Shirt in der Ecke. Ich hätte es tragen können. Stattdessen schürte ich das Feuer und hielt es mit einem Stock in die Flammen, bis nichts mehr davon übrig war.

Im Leuchtturm fand ich eine Tüte Hafer, noch mehr Kokosnüsse und ein paar Konserven. Und – das ließ mein Herz schneller schlagen – ein Glas Honig. Alles Sachen, die Stephan aus seinem Boot geholt hatte, bevor es gesunken war, so wie ich. Es gab keine Leuchtsignale. Das war nur eine Lüge mehr gewesen.

Als wir das alles erledigt hatten, machte ich in einer Büchse Porridge aus Hafer, Kokosnussmilch und Wasser. Mit dem Messer fügte ich etwas Honig hinzu. Er schmeckte wie Gold vom Himmel. Wir aßen schnell, betrachteten die Flammen und lauschten dem Heulen des Winds.

Wir hatten zu essen, ein Dach über dem Kopf, *Aman* und Feuer. Und keinen Stephan, der über unser Leben bestimmte. Doch es gab einen leeren Platz in der Hütte. Jedes Mal, wenn ich nach draußen ging, sah ich zur Klippe hinüber und musste mich zwingen, *nicht* mehr dorthin zu gehen und ins Wasser zu schauen. Ich nahm mir vor, da oben nicht mehr zu angeln. Es gab Haie dort und zumindest einer von ihnen war gewaltig. Wir hatten ihn uns nicht eingebildet. Wir hatten gesehen, was wir gesehen hatten.

Stephan war tot. Aber er war überall und nirgends. Und ich fühlte mich schuldig. Gar nicht einmal wegen dem, was geschehen war. Sondern weil wir Möwen waren, die aus einem fremden Vogelnest stahlen.

Unsere Möwe hatte solche Sorgen nicht. Sie stolzierte um die Hütte, pickte im Dreck, machte sie auch zu ihrem Zuhause, bevor sie sich in einer Ecke niederließ.

Wir stopften den Riss in der Wand, so gut wir konnten, mit der Plane, quetschten sie hinein und beschwerten sie mit Steinen. Wir holten Holz von draußen in die Hütte.

Als ich gerade Kokosnüsse sammelte, riss der Wind noch ein paar mehr vom Baum, und sie landeten mit einem dumpfen Knall im Sand. Ich stellte mir vor, wie es wohl wäre, wenn mir eine auf den Kopf fallen würde.

Wir hatten einen Lebensmittelvorrat, von dem wir uns mehrere Tage ernähren konnten.

Wir überprüften noch mal das Boot, zogen es zu einer höher gelegenen Stelle hinauf und drehten es um.

Wir waren den ganzen Tag beschäftigt und das lag nicht nur am Sturm. Wir beschäftigten uns, um nicht über das zu reden, was geschehen war, wir wollten nicht einmal daran *denken*.

Als wir schließlich still saßen und auf den Sturm warteten, brauchten wir etwas, über das wir reden konnten, um die Zeit zu füllen.

»Kannst du mir von deinen Steinen erzählen?«, fragte ich. »Kannst du mir deine Geschichte erzählen?«

Und das tat sie.

»In den Ebenen und in den Städten ist Krieg. Das ist nicht so ungewöhnlich. Es hat viele Kriege gegeben, viele Jahre. Es gibt Räuber, Schmuggler und manchmal führt ein Stamm Krieg gegen den anderen. Nichts davon ist neu. Aber dieser Krieg, *jetzt*, der ist größer.

Ein Warlord ist mit seiner Truppe gekommen. Er zerteilt das Land wie ein Schwert den Weizen. Sie zerstören so viel. Niemand kann vorhersehen, wo sie auftauchen oder was sie tun werden. Es ist schwer zu sagen, wo die eine Truppe aufhört und die andere anfängt. Es ist ein Krieg um den Glauben, und manchmal bekriegt sich auch ein Dorf, Familie gegen Familie. Die Armee des Warlords ist immer in Bewegung. Sie ist schnell. Sie erobert Dörfer, aber sie kann auch einfach so verschwinden und in den Bergen untertauchen. Die Soldaten töten viele Männer. Manche Frauen nehmen sie als Sklaven. Es trifft alle, aber die Stämme der Amazigh trifft es besonders. Dieser Krieg ist wie die Pest, die von Stadt ins Dorf, vom Dorf auf die Felder, von den Feldern in die Berge weiterzieht.

Wir sind Nomaden. Aber nicht das ganze Jahr. Es gibt einen Ort, ein Dorf, in dem wir mit anderen Stämmen der Amazigh leben. Aber einige Monate im Jahr wandern wir umher. Wir kennen einen Ort hoch oben in der Wüste. Es ist ein alter Ort, fast vergessen, aber jetzt, im Krieg, gehen wir dorthin. Es gibt dort fast nichts, nur Felsen und ein paar Bäume. Die Leute sagen, dass keiner dort leben kann. Aber ...« Aya wedelte mit dem Finger vor meinem Gesicht. »Die Amazigh, wir leben da. Es gibt dort Arganbäume, Futter für die Ziegen und aus den Kernen machen wir Öl. Es gibt Kaninchen, die wir jagen. Wir haben Zelte, warm in der kalten Nacht und kühl am heißen Tag. Die Milch der Ziegen. Wir tauschen Fleisch gegen Gemüse.

Wir glauben, wir hier sicher sind. Die Soldaten können auch in den Bergen leben, aber wir wandern so hoch, bis es keine Straße mehr gibt, nur Pfade. Wir bauen ein Lager und bleiben ein paar Wochen.

An einem Tag war ich mit meiner Cousine Sakkina zusammen. Sie ist dreizehn Jahre alt. Wir bringen unsere Hühner den Hang hinauf. Wir lieben diese Arbeit, sie ist leicht, viele Stunden lang müssen wir nicht mehr tun, als auf die Hühner aufpassen, damit wir sie nicht verlieren und die Füchse nicht kommen. Ein paar Stunden spielen wir Spiele, dann sehen wir die Männer, unten im Lager. Sie sind schwarz angezogen. Sie tragen Waffen. Sie gehen in unser Lager. Fünf Männer, vielleicht sechs. Ich weiß nicht, wie sie es entdeckt haben. Es gibt keinen Kampf, keine Schießerei. Es ist, als kämen sie zu Besuch.

Ich sehe unsere Männer mit ihnen reden. Meinen Onkel. Ich sehe, wie er ihnen einen Platz am Feuer anbietet. Er bietet ihnen auch Tee an. Das ist unsere Art, sogar bei Männern mit Waffen.

Aber die Männer setzen sich nicht. Ich überlege, ob sie vielleicht nur reden, dann wieder gehen wollen oder vielleicht Essen von uns verlangen. Aber sie reden auf meinen Onkel ein und sie reden laut. Ein Mann nimmt seine Waffe, und peng, peng!« Aya tat, als würde sie eine Waffe abfeuern.

»Meine Leute haben Angst. Mein Onkel redet mit den Männern, und er versucht, sie friedlich zu stimmen. Sakkina ruft: ›Nein!‹ Sie will zu ihrem Vater laufen, aber ich halte sie fest. Sakkina ist tapfer. Aber diese Männer, bei ihnen ist alles möglich. Ich kenne die Geschichten, deshalb habe ich Angst um Sakkina und auch um mich selbst, um meinen Onkel und all unsere Leute.

Die Männer sehen in unsere Zelte. Aber wir haben nur wenig. Unser Stamm ist nicht arm, aber wir sind auch nicht reich und wir reisen mit wenig. Das Geld, das wir haben, legen wir in Edelsteinen, Halsketten und Ringen an. Wenn Hochzeit ist oder etwas anderes.

Die Männer in Schwarz sagen, dass sie heilige Krieger sind. Aber ich glaube, die meisten von ihnen sind Verbrecher. Ich glaube, sie wollen etwas zu essen, Silber und Gold und unsere Steine.

Ich höre meinen Onkel sagen, dass unser Geld weit weg ist bei anderen Mitgliedern unseres Stammes, aber die Männer halten die Waffe an sein Gesicht und sagen, wir müssen geben, was wir haben. Also müssen unsere Männer allen Schmuck holen. Die Männer nehmen ihn. Sie brechen die Edesteine mit ihren Messern aus dem Schmuck, so wie wir Muscheln aus der Schale holen, und nehmen alle Edelsteine mit.

Ich sehe alles und Sakkina auch. Und wir sind sehr wütend. Aber wir wollen, dass sie verschwinden. Aber es ist nicht nur das Geld, das sie wollen. Amazigh, das bedeutet freie Menschen. Ich glaube, dass sie unsere Freiheit wollen. Das ist es, was sie hassen. Wir singen, wir tanzen, wir tragen Kleider in den Farben von Edelsteinen und Gold, wir haben Musik. Vom Nil bis zum Meer im Westen. Wir gehören nicht nur zu einem Land, wir leben nicht in nur einem Land. Und unser Glaube ist alt und reich, wir haben viele Bräuche. Und diese Krieger mögen das nicht.

Sie treiben unsere Leute wie Ziegen in einen Kreis zusammen. Ich will mich mit Sakkina verstecken. Ich will, dass wir warten und dann zusammen gehen, vielleicht finden wir ja ein Dorf. Aber dann schlägt einer der Männer meinen Onkel mit seinem Gewehr und Sakkina schreit auf und rennt los. Dann sehen sie uns.«

Aya hielt inne und zog die Stirn in Falten, so als müsste sie, um die richtigen Worte oder den Weg zu ihren Erinnerungen zu finden, erst eine Barriere durchbrechen.

»Ich muss ihr nach. Ich muss zu meinen Leuten. Die Augen der Männer in Schwarz sind so leer wie der Himmel. Ich sehe das, und ich weiß, dass sie töten können. Wir können alles oder nichts tun, sie werden töten. Ohne Grund.

Sie bringen uns den Berg runter, zur Straße, der Ebene, der Stadt. Sie sagen, wir müssen an diesem Ort leben. Es ist ein neues Leben. Mit neuen Regeln.

So leben wir ein paar Wochen. In dieser Zeit sehe ich, wie zwei Männer getötet werden. Zwei, vor meinen Augen.

Dann kommt ein Mann mit noch mehr Soldaten in die Stadt. Der Mann ist wichtig, obwohl er genauso aussieht wie die anderen. Die gleichen Augen, die gleichen schwarzen Kleider. Aber die Männer tun alles, was er sagt, sie sehen zu ihm auf wie Hunde, die alles tun würden für die Liebe ihres Herrn.

Er befiehlt, ein paar unserer Leute zu holen. Ich glaube erst, er will Männer. Aber ... sie holen die älteren Mädchen und die jüngeren Frauen und sie mustern uns wie Ziegen auf dem Markt.

Sie nehmen sich drei. Eine von ihnen ist Sakkina.

Ich habe Angst um sie. Sie ist so jung. Mein Onkel redet auf die Männer ein, aber jeder weiß, dass man nicht mit diesen Männern reden kann. Dann sage ich, dass sie *mich* nehmen sollen. Ich habe keine Mutter, keinen Vater und Sakkina ist noch ein Kind. Die Männer lachen, sie glauben, dass ich nicht tauge, weil sie glauben, dass ich nicht alles tue, was sie wollen. Aber das ganze Dorf ist wütend, und obwohl sie Angst haben, fangen sie an, mit den Männern zu streiten.

Die Männer können immer noch alles tun, was ihnen gefällt, aber sie wissen auch, dass es leichter ist, Frieden zu halten, wenn sie Sakkina nicht nehmen. Einer von ihnen sieht mich an und sagt Ja.

Dieser Mann ist ein Anführer. Er ist klug, er weiß, was er tut. Und so gehe ich mit ihnen. Zum Meer. Ich weiß nicht, was sie vorhaben. Aber dort liegen Boote. Und diese Boote fahren nach Europa.«

»Du hast sie ausgetrickst, nicht wahr?«, sagte ich.

Ayas Augen brannten.

»Sie haben meine Leute bestohlen. Ich habe es mir nur zurückgeholt. Erst haben sie uns in einem Haus versteckt. Die Männer kommen und gehen, den ganzen Tag. Ich schaue aus dem Fenster und sehe sie mit Männern und mit Jungen reden und einer der Jungen ist Stephan. Wir bleiben. Am Abend koche ich ihnen Essen, ich sage ihnen, dass ich das kann. Ich weiß, welcher Mann die Steine hat. Und den Schlüssel für die Tür. Ich habe ihn beobachtet mit den Steinen. Und ich gieße ihnen Getränke ein und ihm gebe ich besonders viel zu trinken.

Ich bleibe wach, bis er endlich eingeschlafen ist. Ich warte viele Stunden. Ich versuche, tapfer zu sein. Nachts stehe ich auf und schleiche mich zu dem Mann hinüber. In diesem Moment habe ich große Angst. Wenn er aufwacht, bin ich tot. Aber noch größere Angst habe ich vor dem, was passiert, wenn ich bei diesen Männern bleibe.

Eigentlich will ich mir nur den Schlüssel nehmen. Nur den Schlüssel. Aber in derselben Tasche sind auch die Steine. Und die gehören meinen Leuten.

Ich weiß nicht mehr, was richtig ist und was falsch.

Also nehme ich sie. Die Soldaten glauben, dass wir sie nicht bestehlen und nicht vor ihnen weglaufen. Und wenn doch, dann finden sie uns bald. Aber in meinem Herzen ist keine Angst und ich nehme die Steine. Noch eine andere der Frauen ist wach. Ich winke ihr zu, aber sie schüttelt den Kopf. Sie hat zu große Angst, um wegzulaufen. Ich habe zu große Angst, um zu bleiben.

Langsam, ganz langsam öffne ich die Tür. Dann renne ich los! Sie folgen mir und ich verstecke mich beim Müll. Einen ganzen Tag lang. Am Abend kommt eine Frau. Ich sage, dass ich verschwinden werde, aber sie sagt, da ist nur Wüste. Die Männer würden überall nach mir suchen und ein Versteck gibt es nicht. Wenn ich bleibe, finden sie mich. Wenn ich in die Wüste laufe, finden sie mich. Aber wenn ich Geld hätte, sagt sie, könnte ich vielleicht auf eines der Boote. Also gebe ich ihr einen von den Steinen und flehe sie an, mir zu helfen. Ihr Bruder nimmt ein Boot am nächsten Morgen. Die Männer werden nicht glauben, dass ich auf ein Boot gehe, sie glauben, dass ich nach Hause will. Also hilft sie mir.

Mit einem Stein kaufe ich einen Platz auf dem Boot. Und ich bin weg, bevor die Männer mich finden.

Als Stephan die Steine gesehen hat, wusste er, wer ich bin.«

In der Nacht schlug der Sturm zu. Regen, Wind, Blitze.

Wir hatten das schon einmal durchgemacht; ich in einem Ruderboot, Aya, die sich an ein Ölfass klammerte. Wir konnten also damit umgehen, trocken und warm in den Umhang gekuschelt.

Wir jauchzten, wenn es donnerte. Aya kreischte, als würde sie Achterbahn fahren.

Regen trommelte auf das Dach und fand Löcher und Risse, es tropfte auf uns herab. Wir rutschten hin und her, sodass die Tropfen uns verfehlten. Manche fielen ins Feuer und es zischte.

Es war uns egal.

Spät in der Nacht versuchten wir zu schlafen. Ich lag hinter Aya und hielt die Decke über uns.

Der Wind war stärker geworden, er suchte sich Ritzen in den Wänden, blies in die Flammen, Funken stoben auf. Ich konnte nicht schlafen. Ich musste aufpassen, dass unser Bett aus Ästen und Seetang nicht Feuer fing. Aber ich döste und komischerweise war ich ganz ruhig. Ich fühlte mich sicher.

In den frühen Morgenstunden ging es richtig los. Alles davor war eine bloße Warnung gewesen.

Blitze tauchten den Raum für Sekunden in grellweißes Licht. Donner erschütterte die Erde. Der Wind peitschte die Hütte, er kam in Sturmböen.

Aya wachte auf.

Der Wind riss die Plane – unsere Tür – beiseite und verstreute das Feuer über dem Boden. Dann riss die Plane von der Wand und schlug wild um sich. Ich sprang auf, um sie zu sichern, aber sie riss sich los und flog durch die Luft.

Die Möwe watschelte nach draußen und flog davon.

Alle paar Sekunden weiße Lichtblitze. Risse in der Welt.

Dann kam das Wasser.

Ich streckte den Kopf nach draußen, der Wind haute mich beinahe um. In einem grellen Weiß sah ich die Wände aus Wasser, die gegen die Klippe schmetterten und sich über das Land ergossen.

Eine Welle strömte heran. Die Flut. Das Meer erhob sich.

»Nimm die Dosen!«, schrie ich. »Schnapp dir alles!«

Wir stolperten, tasteten blindlings umher, fanden die Dosen und das Messer und stopften alles in den Umhang.

Draußen blies der Wind so heftig, dass wir uns kaum auf den Beinen halten konnten. Wir stemmten uns gegen ihn. Ich spannte die Beinmuskeln an, um Halt zu finden.

»Der Leuchtturm!«, rief Aya.

»Nein! Wenn die Hütte vollläuft, tut es der Leuchtturm auch ... Wir müssen zur Höhle!«

Mit gesenkten Köpfen bahnten wir uns Schritt für Schritt einen Weg. Als uns eine heftige Böe traf, konnten wir nicht weitergehen, sondern uns nur noch verzweifelt aneinander festhalten.

»Das Boot!«, schrie sie. »Wir müssen es sichern.«

Ich hatte geglaubt, dass es sicher *war*. Hoch und trocken. Aber jetzt war nichts mehr sicher.

Im Licht der Blitze fanden wir unseren Weg. Und was wir sahen, flößte mir Angst ein. Wasser, überall am Horizont. Der Wind zerrte am Boot und schrammte es über die Felsen zum Meer. Wir waren dort, bevor das Meer es in die Finger bekam.

Wir zerrten und zogen und hievten es höher und höher hinauf. Als wir es so weit oben hatten, wie wir konnten, klemmten wir es hinter einen Felsen, drehten es um und befestigten das Seil am Bug an einem großen Stein. Wir verbargen auch die Tonne und den Panzer darunter, fummelten und tasteten, um den umgedrehten Rumpf zu sichern, sodass der Wind nicht darunter kam. Der Wind riss immer noch daran.

»Wir können es nicht allein lassen!«, rief ich. Aber der Wind tobte, als ob er mich gehört hätte. Der nächste Blitz und noch ein Donnern. Aya kauerte dicht am Boden, damit sie nicht davongeblasen wurde.

Ich sah einen Baum durch den Himmel fliegen. Fliegen! Der Sturm zeigte uns, zu was er in der Lage war.

»Die Höhle!«, schrie Aya. »Wir müssen gehen.«

Als der Wind für einen Augenblick nachließ, stolperten wir, uns gegenseitig Halt gebend, weiter.

Ich weiß nicht, wie wir zum Strand gekommen, wie wir die Felsen runtergeklettert sind, wie wir uns dann, tief gebcugt, erst bis zu den Knöcheln, bis zu den Knien im Schlamm, unseren Weg zwischen den Bäumen hindurch gebahnt haben. Als wir den Fels hinauf und in die Höhle kletterten, brach mit einem allmächtigen Knacken ein Baum. Ich war dankbar, dass wir so weit oben waren.

Wir krochen weiter und noch weiter. Und dann warfen wir uns gleich neben einem Tümpel einfach auf den Boden und unser Keuchen hallte von den Felswänden wider. Aya wimmerte vor Angst und Schreck.

Links vom Tümpel war ein Felsvorsprung. Aya hinter mir herziehend, kletterte ich zu ihm hinauf. Dort war es trocken. Wir lagen bloß da.

»Ich glau...glaube, vielleicht ... sterben wir«, stieß Aya zwischen klappernden Zähnen hervor.

»Nicht jetzt, nicht jetzt, wir sind okay, wir sind okay.« Aber auch ich zitterte und kriegte kaum ein Wort heraus. »Wir sind okay, wir sind okay.« Und ich dachte: *Wird das Meer uns hier erreichen?* Ich wusste es nicht.

Ayas Kleid war durchnässt. Ihr war kalt, sie zitterte heftig.

Wir hielten uns im Dunkel, bis uns wärmer wurde, und dann schliefen wir ein.

8

Wir wachten spät am Morgen auf.

Der Sturm hatte sich gelegt. Der Eingang zur Höhle war ein Fenster zu einer neuen Welt.

Viele Bäume waren umgestürzt, einige waren ganz verschwunden; aus Erde und Sand gerissen, hatten sie klaffende Löcher hinterlassen. Kokosnüsse lagen ringsum verstreut.

Das Boot hatte sich bewegt. Ob es der Wind oder das Wasser gewesen war, wusste ich nicht. Wundersamerweise hatte es sich landeinwärts bewegt. Im Rumpf waren Risse.

Ich schrie und trat gegen das Boot, weil ich keine Ahnung hatte, wie wir es reparieren sollten. Nicht dass ich, jetzt, wo wir Haie gesehen hatten, wild darauf gewesen wäre, rauszufahren.

Die Hütte, unser Zuhause, war schwer mitgenommen. Auf dem Boden war ein nasses Durcheinander aus Asche, Seetang und Ästen. Die Regale waren fort. Der Spalt am Eingang war jetzt breiter, Mauersteine lagen verstreut im Dreck.

Ich ging zur Landzunge. Es war Ebbe und die Felsen lagen bloß. Tausende Muscheln und tote Fische überall. Unsere Möwe war mit anderen Vögeln da unten. Sie schlugen sich den Bauch voll. Keine Ahnung, wie sie den Sturm überlebt hatten.

Tage vergingen.

Die Normalität kehrte zurück. Unsere Normalität.

Wir fanden die Plane eingeklemmt zwischen den Felsen am

Strand. Wir holten Blätter und Äste von den umgestürzten Bäumen und machten neue Betten.

Wir stapelten Kokosnüsse und Holz und entzündeten mithilfe der kaputten Flasche ein neues Feuer. Es dauerte zwei Tage, bis die Sonne dafür reichte, und so lange aßen wir unseren Fisch roh.

Die Hitze war fort, vom Sturm verschlungen. Es war immer noch warm, aber es ging ein leichter Wind, Wolken waren aufgezogen und gelegentlich regnete es sogar. Wir wussten nicht, ob das die Nachwirkungen des Sturms waren oder der Beginn einer neuen Jahreszeit.

Auch zwischen uns hatte sich viel verändert.

In jener Nacht in der Höhle waren Aya und ich uns näher gewesen als je zuvor. Weil wir Angst hatten. Weil wir geglaubt hatten, dass wir sterben könnten. Vielleicht waren wir uns sogar *zu* nahegekommen. Zusammen sein, sich festhalten, zu zittern, wenn der Blitz die Welt zerbrach. Vielleicht hatte Aya das nicht richtig gefunden. Oder vielleicht hatte es mit Stephan zu tun und damit, was mit ihm geschehen war. Sie redete nie darüber. Ich hatte gedacht, die Nacht im Sturm würde uns einander näherbringen, aber die Wahrheit ist, dass wir uns nie wieder so nahegekommen sind. Sie ließ mich nicht. Sie hatte neue Mauern um sich errichtet und diesmal waren sie noch stärker.

Wir verhungerten nicht, aber wir blieben hungrig. Wir hatten zu essen, aber kaum noch Honig, und als der Hafer aufgebraucht war, hatten wir abgesehen von gestampftem Seetang keine Kohlenhydrate mehr.

Wir hatten Stephan die Insel weggenommen. Wir dachten, wir hätten das Land und das Meer besiegt. Wir glaubten, überleben zu können.

Und wir konnten es, von einem Tag zum andern.

Aber für wie lange?

9

Es war rund eine Woche nach dem Sturm, als Aya es aussprach. Etwas, das ich gedacht, aber nicht laut gesagt hatte. Weil es verrückt war.

Wir aßen Abendbrot in der Hütte. Aya ließ sich Zeit mit ihrem.

»Alles okay mit dir?«, fragte ich. »Du bist ... ich weiß nicht, irgendwie so still.«

Sie leckte sich die Finger sauber.

»Bill, ich ... muss dir was sagen.«

»Dann los.«

Sie ließ sich Zeit, biss sich von innen auf die Wangen und guckte ins Feuer.

»Wir müssen weg von hier.«

»Warum? Weil es bei Sturm hier nicht sicher ist? Und dann wohin? In die Höhle? Da ist es feucht. Der Leuchtturm hat kein richtiges Dach. Und bauen können wir nichts, das stabiler wäre.«

»Wir müssen gehen. Zurück in die Welt.«

Ich stellte meine Kokosnussschale ab.

»Aya. Es ist kein Flugzeug gekommen und auch kein Boot. Aber wenn da draußen Menschen sind ... dann werden sie auch herkommen. Irgendwann. Vielleicht Stephans Leute. Vielleicht benutzen sie diese Insel. Vielleicht ist sein Boot deshalb hier in der Nähe untergegangen.«

»Ich glaube nicht, dass jemand kommt. Wir müssen gehen.«

»Du hast gesehen, was im Sturm passiert ist. Was, wenn wir da im Boot gewesen wären? Lieber nicht. Außerdem hat das Boot Risse.«

»Wir müssen gehen.«

»Es ist zu gefährlich. Wir könnten sterben.«

»Wir müssen es *versuchen*.«

»Hier ist es sicher.«

»Aber es ist *nicht* sicher. Das sehen wir.«

»Hier gibt es zu essen.«

»Das reicht nicht. Wenn jemand krank wird?«

»Uns wird's schon gut gehen. Bei wem sollen wir uns denn mit der Grippe anstecken?«

»Nein. Wir müssen nach Hause.«

Sie wirkte so sicher. *Kein Wunder, dass sie ruhig war,* dachte ich. *Sie hat sich das gut überlegt.*

»Ich will nach Hause. Wenn wir Menschen finden. Oder wenn Menschen uns finden. Es könnte sein ...« Sie seufzte, suchte nach den richtigen Worten. Sie holte tief Luft. »Ich will nach Hause. Mit dem Geld für die Steine will ich meinen Leuten helfen. Und vielleicht können wir wieder zusammen sein. Irgendwann. Du und ich.«

Ich wusste nicht, was sie mit »zusammen« meinte.

»Ich weiß nicht, was möglich ist«, sagte ich. Und ich wusste es wirklich nicht. »Du und ich, Aya, wir sind hier, jetzt, in dieser Welt, ohne Grenzen, ohne Länder, ohne Regeln. Aber dort? Na, was immer passiert, ich bleibe bei dir.«

Sie schüttelte den Kopf und seufzte wieder.

»Das kannst du nicht. Ein vermisster englischer Junge? Du wirst in der Zeitung stehen. Es geht nicht. Wirklich nicht.«

Sie klang hart, verlieh ihren schonungslosen Worten mit den

Händen Ausdruck. »Selbst wenn wir erst zusammen sind. Was dann? Danach? Du gehst nach England. Ich gehe zu meinen Leuten. Ich *werde* sie finden. Aber ich muss wie ein Geheimnis sein dabei. Die Männer wissen, dass ich die Steine habe.«

»Und was willst du machen, Aya? Wie willst du deine Leute befreien?«

»Ich werde die Schattenkriegerin sein.«

Sie meinte es so. Sie meinte es ernst.

Konnte ich denn überhaupt bei ihr bleiben? Nein, sie hatte recht. Ich würde nach Hause gehen. Ich sah es kommen. Und ich hasste es.

»Na gut, dann komme ich wieder. Wenn du weißt, was läuft. Ich werde dich finden.«

»Was kannst du schon machen?«, sagte sie. »Jetzt verstehst *du* die Welt nicht. Nicht ich.«

Ich holte das Messer, um den Blutrubin-Schwur zu leisten. Aber Aya nahm es mir ab und legte es weg.

»Du weißt nicht, was du tust. Versprich nichts. Vielleicht ist es ein Versprechen, das du nicht halten kannst.«

»Aber ich meine es ernst«, sagte ich.

Wir saßen da, lauschten den knisternden Flammen und dem Rauschen des Winds.

»Was wird sein mit dir?«, fragte sie. »In England. Wenn wir zurückgehen?«

»Als Nächstes? Oberstufe, nehme ich an.«

»Was ist das?«

»Schule. Dann Universität. Ich möchte Wissenschaftler werden, Meeresbiologe.« Und erst, als ich das laut ausgesprochen hatte, wusste ich, dass es gar nicht mehr stimmte. Dass das Boot und die Insel *alles* verändert hatten. Und ich überhaupt nicht wusste, was ich tun wollte oder machen konnte, wenn wir es zurückschafften.

»Und du? Wie wird dein Leben aussehen?«, fragte ich.

»Ich weiß nicht. Aber ich weiß, dass ich meinen Leuten helfen muss. Du, ich, unsere Wege sind nicht die gleichen. Aber wir müssen zusammen hier weg. Wir müssen gehen.« Sie schob ihr Essen zur Seite.

»Das ist ein dummes Gespräch, Aya. Wir würden es nie schaffen. Wir gehen nicht. Wir warten auf Rettung.«

»Alles ist möglich. Du mit deinen Fakten und deiner Logik, du weißt, es gibt kein Boot. Unsere eigene Kraft muss uns nach Hause bringen. Wir müssen glauben«, sagte sie.

»Selbst wenn wir gehen wollten, müssten wir noch Wochen warten. Bis wir genug gesalzenen Fisch und Möweneier zusammenhätten, bis wir stark genug dafür wären und einen Haufen Vorräte hätten.«

»Wir müssen jetzt gehen«, sagte sie.

»Hast du *jetzt* gesagt?«

Ihre Augen und ihre Stimme waren voller Trauer. »Ja. Sehr bald.«

»Wir stehen das gemeinsam durch, Aya, aber ich werde nicht zulassen, dass du uns beide umbringst«, sagte ich.

»Bitte.« Im Licht des Feuers schimmerten Tränen in ihren Augen.

Ich wollte hier raus, einfach weg. Ich wollte sie nicht so sehen. Aber ... Ich beugte mich über das Feuer und tippte mir mit dem Finger an die Stirn.

»Aya, hör zu. Was du da sagst, ist total unlogisch, es ergibt überhaupt keinen Sinn. Fakten, Aya, darauf kommt es an. Die Wahrheit. Wir würden sterben.«

»Ich sage es noch mal. Du und deine Logik.« Ihre Stimme wurde laut. »Aber du weißt nicht alles. Du weißt nicht, ob wir gehen können und leben. Ein langes, gutes Leben. Hier können wir sterben.«

»Ich weiß. Ich weiß das. Ich habe darüber nachgedacht«, sage ich. »Aber da draußen ist die große, fette Ungewissheit. Ich gehe *nicht* und ganz bestimmt nicht jetzt. Du hast es selbst gesagt. Was, wenn das bloß der erste Sturm war? Was, wenn jetzt Orkansaison ist oder so was?«

Sie verschränkte die Arme. »Das ganze Leben ist eine ›große, fette Ungewissheit‹. Dann gehe ich allein.«

»Du nimmst *nicht* das Boot! Selbst wenn wir es reparieren, hält es nicht länger als ein, zwei Tage. Du gehst nicht allein. Schluss und aus.« Ich griff nach dem Messer, spießte eine Muschel auf und aß sie.

Aya äffte mich nach: »Klapper, klapper mit dem Messer. Schlürf, schlürf mit der Kokosnuss. Du isst wie eine Ziege!« Sie stand auf und ging hinaus.

Am nächsten Tag redeten wir nicht miteinander. Bis zum Abend gingen wir uns aus dem Weg. Der einzige Austausch, den wir dann hatten, war kurz:

»Wir müssen gehen«, sagte Aya.

»Wir gehen nicht und du gehst nicht allein.«

»Wir gehen. Wenn nicht, gehe ich allein.«

»Nein.«

»Ja.«

»Nein.«

»Ja.«

»Nein.«

»JA!«

Ich seufzte tief.

»Bill, ich will nach Hause, ich will Sakkina finden. Verstehst du nicht?«

Ich verstand sehr gut. Ich wollte auch nach Hause, Mum und Dad sehen. Aber ich wollte bei dem Versuch nicht sterben.

Wir schliefen, wie wir es seit dem Sturm machten, das Feuer zwischen uns.

Am Morgen nahm ich mein Notizbuch und hockte mich ans Ende der Landzunge. Ich dachte über unsere Chancen nach und über alles, was uns zustoßen konnte.

Aya war sich sicher, sie wollte gehen. Aber ich konnte sie aufhalten, wenn ich das wollte. Ich konnte sie im Auge behalten und aufpassen, dass sie sich nicht in der Dämmerung davonstahl.

Würde sie das tun? Würde sie mich wirklich hier zurücklassen, allein?

Ich schrieb auf, was geschehen konnte:

1. Wir bleiben, bis wir gefunden werden. Oder sterben.
2. Wir gehen und schaffen es zurück in die Welt.
3. Wir gehen. Stellen uns Sonnendämonen und Meeresungeheuern und Stürmen. Und sterben.

Ich machte eine Liste.

Dinge, die ich getan habe:
Eine Schildkröte getötet
Einen Sturm in einem Ruderboot überlebt

Rohen Fisch gefangen und gegessen
In Meerwasserpools geschwommen
Von Walen umzingelt gewesen
Geschichten von Königen und Geistern gehört
Unter einer Million Sternen gesessen
Einen wilden Vogel gezähmt
Ein Mädchen gerettet
Von einem Mädchen gerettet worden
Eine Leiche gesehen
Einen Hai gesehen

Und ich dachte daran, wie ich über all das nichts in mein Notizbuch geschrieben hatte, schwor mir aber, eines Tages würde ich es tun. Alles aufschreiben, damit mir die Erinnerungen nicht entglitten, nicht unwirklich wurden, so wie die Erinnerungen an mein Leben zuvor unwirklich geworden waren.

Und ich dachte über Stephan nach. Wie er mit Aya gekämpft hatte. Ich fühlte mich elend, sagte mir aber, dass es ein schrecklicher Unfall gewesen war.

Unfall. Ja, richtig. Er hatte sie weggestoßen, nach dem Messer gegriffen, dann ist er gestürzt. Oder hatte *sie ihn* weggestoßen? Oder hatten beide gleichzeitig gestoßen? Die Wahrheit war, dass ich es nicht mit Sicherheit sagen konnte. Es war alles so schnell gegangen.

Aber es *war* ein Unfall gewesen.

Dann schrieb ich:

Dinge, die ich vielleicht nie tun werde:
Zur Uni gehen
Mich betrinken

Heiraten
Kinder haben
Einen Berggipfel besteigen

Dinge, die ich vielleicht nie wieder tun werde:
Pizza essen
Einen Film sehen
Mit Benji Gassi gehen
Mum und Dad sehen
In der Badewanne liegen
Fußball spielen

An der Stelle hörte ich auf. An dieser Liste hätte ich ewig schreiben können.

Ich schaute wieder auf die drei Optionen, die ich notiert hatte. Sie fingen alle mit »wir« an.

Aber es gab noch eine weitere Möglichkeit.

Ich stellte es mir vor. Aya paddelte. Das Boot wurde immer kleiner, bis es bloß noch ein Fleck am Horizont war, der langsam verschwand.

Ich am Feuer. Wie ich aß. Wie ich aufwachte. Allein.

Ich *konnte* sie aufhalten. Ich würde sie aufhalten. Aber gleichzeitig wusste ich, dass ich nicht das Recht dazu hatte. Und die Wahrheit war, dass ich das Boot nicht zum Angeln brauchte.

Das war eine Tatsache.

Dann dachte ich an Stephan. Wie er bei unserer Ankunft gewesen war. Ich stellte mir vor, wie ich vielleicht werden würde, ganz allein auf der Insel.

Während ich nachdachte, zwirbelte ich den Saum meines

T-Shirts. Ich betrachtete die Baumwolle, wie dünn sie war, den verblassenden Aufdruck der Comic-Ente auf meiner Brust. Ich betrachtete meine abgebrochenen Fingernägel. Und ich griff in mein dickes, verfilztes Haar.

Ich stellte mir vor, wie ich in einigen Monaten aussehen würde, mit noch längeren, noch verfilzteren Haaren und noch längeren, brüchigen Nägeln. Die Kleidung zerlumpt. Wie ich allein über die Insel streifte. Mit Stephans Geist.

Zwei Sachen wurden mir klar.

Eins. Wenn Aya gehen wollte, dann würde sie auch gehen. Ich würde sie einmal, zweimal, vielleicht ein dutzend Mal aufhalten. Aber schließlich ...

Ich las, was ich – gefühlt vor Jahren – in das Buch geschrieben hatte.

Selbst wenn sie zwei Skelette finden und nicht eins. Das ist etwas in diesem großen Nichts.

Und ich schrieb:

Und was ist mit uns, Aya? Selbst wenn wir es schaffen.
Was dann?
Was denkst du wirklich über all das hier, Aya?
Du und ich, zusammengeworfen von diesem Sturm. Hier ist es einfach, füreinander da zu sein. Okay. Nicht einfach.
Wir hatten keine Wahl. Aber wir sind zusammen.
Was, wenn wir gerettet werden oder auf Land stoßen?
Geht dann jeder auf seine eigene Reise?
Diesmal noch nicht. Auf diese Reise gehen wir zusammen.

10

Ich fand sie am Strand vor einem Haufen Gras und Blätter. Sie schnitt sie mit einem Messer ab und wob sie ineinander. »Was ist das?«, fragte ich. »Ein Hut?«

Aya zuckte mit den Schultern.

Ich stand da und sah eine Weile zu. Sie fuhr fort, als wäre ich gar nicht da.

»Du bist stur«, sagte ich. »Weißt du das?«

Stille.

Ich hob einen Kieselstein auf und warf ihn so, dass er genau vor ihr landete. Sie ignorierte es.

»Würdest du wirklich alleine gehen?«, sagte ich.

»Ja.«

»Okay.«

Stille.

»Ich sagte okay!«

Sie hob den Kopf.

»Wir gehen. Wir beide. Wir machen aus der Plane ein Segel. Der Wind bläst seit Tagen aus Westen. Den Mast machen wir aus einem Ast. Die Risse im Boot flicken wir mit Harz. Wir hinterlassen eine Nachricht, dass wir hier waren und dass wir nach Osten segeln. Wir haben Kokosnüsse und Wasser. Gib uns einen Tag, damit wir Fische fangen und sie für die Reise räuchern können. Wenn der Wind dann immer noch gut ist, hauen wir ab.«

Sie unterbrach ihre Arbeit. »Schwör.«

Ich nahm ihr das Messer ab, ritzte meinen Daumen an und drückte einen Tropfen Blut auf meine Brust. Sie stand auf und warf sich mit solcher Wucht an mich, dass ich fast umgefallen wäre.

Wir fischten den ganzen Tag und räucherten den Fang über dem Feuer. Auch Muscheln und Schalentiere. Wir sammelten Kokosnüsse. Ayas geflochtene Hüte wurden fertig.

Wir bohrten kleine Löcher in die Plane und fädelten Ranken und Schnüre aus Kokosnusshaar hindurch, um das Planen-Segel justieren zu können. Aus einem Baum, der im Sturm umgestürzt war, machten wir ein behelfsmäßiges Ruder. Auch einen Mast. Einen weiteren Ast brachte ich horizontal an, um das Planen-Segel zu halten.

Wir gingen raus, um es zu testen.

Wir füllten den Stauraum mit Dosen, die wir gefunden hatten, mit Kokosnüssen und geräuchertem, in Blätter gewickeltem Fisch.

Ich nahm einen Ast und das Messer und schnitzte eine Figur mit dem Gesicht einer Frau, die ich mit Harz und einer Schnur aus Kokosnusshaar am Bug befestigte.

Aya meinte, wir sollten dem Boot einen Namen geben. Wir nannten es *Tanirt*, was Engel heißt.

»Warum Engel?«, fragte ich.

»Weil Engel niemals sterben.«

Einmal, ein paar Tage vorher, hatte eine rote Ameise mich gebissen. Ich hatte sie zwischen meinen Fingerspitzen zerdrückt und auf meiner Haut war ein Fleck zurückgeblieben. Es hatte Tage gedauert, ihn abzuwaschen. Jetzt stellten wir einen tintigen Brei aus toten Ameisen her, deren Nest im Sturm überschwemmt worden war. Mithilfe eines Zweigs schrieb Aya dann in der Berbersprache *Tanirt* auf die Backbordseite des Boots, knapp über der Wasserlinie. Auf die andere Seite schrieb ich *Tanirt*.

Als wir fertig waren, ging die Sonne unter.

»Wenn es morgen gut ist, gehen wir«, sagte Aya.

»Ja.«

Die vergangenen Tage waren windig, aber nicht stürmisch gewesen. Manchmal gab es mehr Wolken oder weniger Wind, aber nach dem Sturm war das Wetter ziemlich beständig gewesen. Vielleicht, dachte ich, war die wochenlange Hitze vor dem Sturm typisch für diese Jahreszeit gewesen, und vielleicht würde das Wetter ja halten, solange wir die *Tanirt* den ganzen Weg bis nach Afrika segelten.

Wir gossen Kokosnusssaft und Fischblut auf den Bug des Bootes. Es war eine Art Opfergabe.

»Pass auf uns auf, *Tanirt*«, sagten wir, zusammen. »Pass auf uns auf.«

DAS MEER

1

Wir schoben das Boot ins Meer und wateten durchs Wasser, bis es uns zur Hüfte reichte. Aya kletterte zuerst hinein und streckte mir die Hand entgegen. Ich konnte sie einfach nicht nehmen. Meine Füße klebten am Fels, an der Insel, an der Sicherheit hier.

»Komm schon«, sagte Aya. Ihre Augen leuchteten. Ich nahm ihre Hand und kletterte an Bord.

Wir waren im seichten Wasser und warteten auf die Morgenbrise. Alles, was ich hätte sagen müssen, war: »Nicht heute« oder »Wir haben nicht genug Fisch« oder einfach: »Wir können das nicht.«

Aber ich sagte nichts davon, und alles, was Aya sagte, war: »Wir sind so weit. *On y va?* Gehen wir?.«

Wir hatten unsere Welt in dieses Boot gepackt: Kokosnüsse, getrockneten Seetang, in Blätter gewickelten Räucherfisch, Möweneier, Konserven, die wir im Leuchtturm gefunden hatten, das Messer, die Angelschnur, den Schildkrötenpanzer, den *Aman*-Macher und die halbe Tonne voll mit Wasser.

Die Sonne verjagte die Schatten. Der Morgenwind kräuselte das Wasser und setzte das Boot in Bewegung, gab uns zu verstehen, dass es Zeit sei zu gehen. Wir mussten nur das Segel setzen und uns von der Brise mitnehmen lassen.

»Jetzt oder nie«, sagte ich.

»Jetzt«, sagte Aya. Sie kniete im Bug und starrte nach Osten. Doch ihre Stimme zitterte und ihre Hände klammerten sich ein wenig zu fest an die Bordkante.

Ich wusste nicht viel vom Segeln. Aber die Grundlagen kannte ich. Genug, um zu wissen, dass es, hatten wir einmal Fahrt aufgenommen, schwer würde, wieder umzukehren.

»Okay«, sagte ich. »Los geht's.«

Ich stand auf und löste das Segel mit schweren, tauben Händen.

Kraaaaak! Unsere Möwe landete backbord auf der Bordkante.

Krak, krak, krak. Gehen wir fischen?

»Ich nehme an, du hast schon alles aufgefressen?«, sagte ich. Wir hatten uns vorher von ihr verabschiedet und sie zur Ablenkung mit einem Haufen Innereien und Fischhäuten zurückgelassen. Wir wollten sie nicht mitnehmen. Es wäre nicht fair gewesen. Wir wussten, dass wir nach Osten fahren mussten. Wir brauchten sie nicht, um den Weg zu finden, wir mussten einfach nur immer weiterfahren.

»Möwe, du bleibst auf der Insel«, sagte Aya.

»Husch.« Ich wedelte mit den Armen. Die Möwe schlug mit den Flügeln und hüpfte von einem Bein aufs andere. Ich stupste sie sanft mit dem Ruder an. Sie hackte danach, flatterte auf, flog weg und kam dann wieder.

»Geh nach Hause!«, schrie ich. »Geh und fang Fische und streite dich mit den anderen Vögeln. Geh und leb dein Möwenleben, denn wenn du mit uns kommst …« Ich brachte es nicht über die Lippen. Dass wir vielleicht sterben würden. Ich wollte stark sein, aber es war schwer, weil ich sie nach Hause schickte.

Die Insel war doch auch unser Zuhause gewesen. Und jetzt gingen wir fort.

»Husch!« Ich schwenkte das Ruder, um sie zu verscheuchen. Sie wich ihm aus, riss den Schnabel auf und krächzte. Ich schwenkte das Ruder noch einmal. Es traf sie. Sie flog weg, kam wieder.

Ich biss die Zähne zusammen und schwang das Ruder ein drittes Mal. Ich hasste mich dafür, aber es war die einzige Möglichkeit, sie loszuwerden.

»Hau ab!«, schrie ich. Sie flog davon, und bevor ich in Versuchung kam, ihr zu folgen, rollte ich das Segel aus.

Der Wind riss daran, aber es flatterte nutzlos im Wind.

»Es hilft nichts«, sagte ich. »Wir sind zu schwer. Wir fahren heute nirgendwohin, nicht wahr?« Doch wie um mir zu widersprechen, blähte der Wind auf einmal die Plane, und das Boot setzte sich in Bewegung.

Aya paddelte, um uns voranzubringen, während ich mit einer Hand das Ruder hielt und mit der anderen die Segelschnur. Dann straffte der Wind das Segel und wir waren endgültig unterwegs, schnitten ein V ins Wasser und ließen eine Welle zurück.

Es gab keinen Kiel und wir hatten nur ein behelfsmäßiges Ruder und ein einziges Segel. Alles war denkbar einfach und unser Schicksal lag in den Händen des Winds. Aber es funktionierte.

»Setz dich nach hinten«, sagte ich zu Aya. »Jetzt steuerbord ... jetzt backbord.« Aber ich musste es ihr gar nicht sagen. Sie sprang auf oder setzte sich hin, wenn sie musste, hielt sich an der Bordkante fest, lehnte sich so weit aus dem Boot, dass es gefährlich war, fuhr herum, als tanzte sie einen Tanz. Wir machten uns die Kraft des Windes zunutze und mit der selbst gemachten Schnur richtete ich das Segel aus. Wir schossen in gerader Linie nach vorn und wurden mit jeder Sekunde schneller.

Aya sah nicht ein einziges Mal zur Insel zurück.

Erst ungefähr zehn Minuten später sah sie, die Augen mit der Hand abschirmend, aufs Meer.

»Sie ist wie ein unartiges Kind«, sagte sie.

Die Möwe schoss herab und landete mit einem empörten Krächzen auf dem Bug.

Wohin fahren wir denn?

»Okay, Möwe«, sagte ich. »Du hast gewonnen. Du kommst mit.«

2

Die ersten Tage lief es ganz gut.

Ich hatte mir geschworen, keine Strichliste zu machen. Nicht die Tage und die verbleibenden Vorräte zu zählen. Nicht zu kalkulieren oder zu planen. Sondern zu essen, soviel es brauchte, zu segeln und sonst nichts. Wir mussten einfach bloß in Bewegung bleiben. Wir würden Land finden oder sterben. Und wenn wir sterben würden, wollte ich keine Aufzeichnungen darüber. Nichts, was Mum oder Dad jemals würden lesen können. Ich beschloss, diesen Brief nicht zu schreiben. Denn das hätte bedeutet, vor dem Tod zu kapitulieren.

Und dazu würde es nicht kommen.

Manchmal war es nicht windig genug, dann paddelten wir oder ruhten uns aus. Dann wieder war der Wind zu stark. Stärke 3 bis 5, geschätzt. Auf einer Jacht wäre das großartig gewesen, aber für die *Tanirt* war es zu viel. Dann tauchte der Bug ins Meer, oder wir verloren die Kontrolle und drehten uns, heftig und schnell.

Manchmal kippte das Boot, sodass nur noch Zentimeter Wasserlinie und Bordkante trennten. Es war gefährlich, aber wir durften nicht langsamer werden.

Der Wind kam meist aus Norden und wir segelten nach Südosten. Manchmal aber blies der Wind uns auch direkt ins Gesicht, und wir mussten kreuzen, steuerbord, backbord, steuerbord, backbord, nicht sicher, ob wir damit überhaupt irgendwohin kamen.

Zweimal lief Wasser ins Boot und wir kenterten fast. Wir mussten kräftig Wasser schöpfen.

Am frühen Morgen und am späten Abend angelten wir.

Bei starker Sonneneinstrahlung trugen wir unsere lächerlichen, selbst gebastelten Hüte.

Und die ganze Zeit sahen wir nach Osten. Und hofften.

Ich kam mir heldenhaft vor, weil wir uns von nichts hatten unterkriegen lassen. Von gar nichts.

Ich bedankte mich beim Meer, wenn die Angelschnur ruckte.

Und beim Himmel, wenn der Wind richtig stand.

Aber es gab auch andere Momente, wenn der Wind zu stark war, wenn er heulte und wir glaubten, ein Sturm zöge auf. Dann sah ich die Angst in Ayas Augen und wusste, dass sie auch in meinen Augen stand.

»Bist du okay?«, fragte ich nach einem langen Tag, an dem uns der Wind schnell und weit getragen hatte. »Es war schwer, wir haben tierisch geschuftet.«

»Ich habe ein bisschen Angst.«

»Du wolltest weg«, sagte ich. Aber ich sagte es leise. Es war unser beider Entschluss gewesen.

»Ich habe nicht nur hiervor Angst«, sagte sie.

»Was dann?«

»Alles.«

»Was meinst du?«

Sie antwortete nicht.

Ich hatte auch Angst. Was immer ich mir für die Zukunft ausmalte, war beängstigend.

≡

Im Morgenlicht wachte ich auf und sah sie mit himmelwärts gerichteten Handflächen im Bug knien. Sie redete in ihrer Sprache. Es klang mehr wie ein Lied als nach Worten.

Sie betete.

Ich betete auch, leise. Aber nicht zu einem Gott. Ich dachte an alles, was wir durchgemacht hatten, dass die Menschen auf Ayas Boot und die Crew der *Pandora* tot sein könnten. Ich betete zum Meer und zum Himmel. Ich betete zu *Tanirt* und goss ein bisschen Kokosnusssaft ins Boot und tropfte etwas Fischblut ins Wasser. Ich spürte, dass es ringsum Götter und Dämonen und Dschinns gab. Und wenn wir sie nicht respektierten, konnten sie uns das Leben nehmen.

Diese Götter, diese Mächte, sie waren nicht gut oder schlecht. Draußen auf dem Meer gibt es kein Gut und Böse. Es gibt nur Chaos und Ordnung. Die Dinge laufen gut oder gegen uns. Vielleicht war das Leben draußen in der Welt ja auch so. Vielleicht *schien* es ja nur so, als gäbe es dort eine Ordnung. Und dann dachte ich, dass wir, wenn wir glaubten, Gewalt über die *Tanirt* und unser Schicksal zu haben, uns bloß etwas vormachten.

3

Tage vergingen.

Das Essen wurde knapp. Aya setzte uns auf ein Viertel der Rationen.

Wie weit waren wir gekommen? Wie weit war es noch?

Wir wussten, dass wir nach Osten fuhren, nach Afrika. Die Sonne verriet uns das. Aber es gab Strömungen und böige Winde, und sie schienen wie Dämonen, die ihre Spielchen mit uns trieben.

4

Eines Tages traf uns der Wind wie aus dem Nichts. Das Segel spannte sich. Der Mast quietschte und ächzte, dann knackte er laut. Ich sprang auf und hielt ihn fest, damit er nicht ganz brach, aber der Wind war so stark, dass ich den Mast die ganze Zeit festhalten musste, damit er nicht ins Wasser flog. Ein heftiger Windstoß fuhr in die Plane und sie riss.

Ich holte das Rigg runter. Der Wind toste über das Meer davon, ganz wie ein aus dem Nichts herbeigezauberter Dschinn, der Chaos angerichtet hatte und verschwand. Ich kniete neben der zerrissenen Plane und starrte auf den gebrochenen Mast.

»Ich habe es dir gesagt!«, schrie ich. »Ich habe es dir gesagt, Aya, du kannst nicht immer volles Risiko gehen. Du kannst nicht immer gewinnen! Es musste so kommen, Aya. Es musste!«

Aya kauerte sich weinend in den Bug.

Ich schrie zum Himmel: »Warum lässt du uns überhaupt keine Chance?«

Wir fädelten Kokosnussschnur durch das Segel. Aber Aya musste zusätzliche Löcher bohren. Für eine leichte Brise reichte es, aber starkem Wind hatte es jetzt noch weniger entgegenzusetzen. Vielleicht riss das Segel beim nächsten Mal ganz.

Ich schnitt einen Teil der Schnur ab, um es um den Mast zu wickeln. Das Holz war trocken und brüchig geworden. Ich hatte keine Ahnung, wie lang der Mast noch halten würde.

5

Ob Meer und Himmel uns töten wollen?«, fragte ich eines Abends beim Essen. »Oder verteilen sie kleine Geschenke, um uns am Leben zu halten?«

»Ich weiß nicht« war alles, was Aya dazu sagte.

Wir waren nicht mehr die Herren des Meers. Wir waren verlorene Kinder in einem Boot.

Am Morgen flaute der Wind ab. Es wurde wieder heiß.

Es war ruhig genug, um den *Aman*-Macher in Gang zu setzen.

Als ich etwas Kokosnuss und Fisch aß, hatte ich Probleme beim Kauen. Ich spürte einen wackeligen Zahn und schmeckte Blut. Ich befühlte meine Zähne, ein paar von ihnen saßen locker.

Von da an schnitt ich unser Essen mit dem Messer klein.

Unsere Möwe hatte sich bisher selbst mit Fisch versorgt. Mittlerweile war sie schwach. Wenn sie starb, würden wir sie essen. Aber töten würde ich sie nicht. Das schwor ich mir.

6

Der Hunger fraß meinen Körper und meinen Verstand. Er war eine Schlange in meinem Kopf und meinem Magen, und sie verschlang mich, Stück für Stück.

Träume kamen und gingen. Träume von dem Boot. Träume vom Meer. Der Insel. Wo ich von einer Jacht mit Namen *Pandora* geträumt hatte. Es waren Leute darauf. Außerirdische mit großen Köpfen und fetten Bäuchen (und einem Kapitän – Wilkinson? Wilson? Ich erinnerte mich nicht). Auf der *Pandora* hatte ich von den Kanarischen Inseln geträumt. Und als ich auf den Kanaren gewesen war, hatte ich von zu Hause geträumt.

Mein Kopf war ein Boot, das den ganzen Weg von England gesegelt war. Und dieses alte Zuhause lag so weit hinter dem Horizont, dass es niemals wirklich existiert hatte.

Ich sah den Sultan auf mich herabsausen, sein herrlicher Umhang wie ein Schweif aus Sternen.

Dieses Bild vor Augen, schreckte ich auf. Rief Aya, damit sie es auch sah. Aber ich hatte keine Stimme. Ich rief, aber ich hörte mich nicht. Das Meer war steif gefroren. Die Wellen waren erstarrt. Sie standen still, aber die Sterne tanzten im Umhang des dahinreitenden Sultans wie Staubkörner im Sonnenlicht. Jeder Stern war eine Schnuppe.

Tagsüber ein graugrünes Meer unter bewölktem Himmel. Fedrige und wogende Wellen. Munter springende Fische. Doch wenn ich sie im Auge behalten oder Haken und Schnur vorbereiten wollte, verschwanden sie.

Das Wasser hatte verrückte Muster, die wie Haiflossen aussahen. Ein Hai oder viele? Hunderte. Ich wusste nicht, ob es sie gab oder ob ich sie mir einbildete.

Dann fiel mir jenseits der Muster und Schatten ein Abgrund auf, die endlose dunkle Tiefe, auf die wir zutrieben.

Und hinter der letzten Wolke, grimmig brennend, als wäre er nie fort gewesen, ließ er die Maske fallen ...

Der Sonnendämon.

Wir waren auf die Insel entkommen. Hatten einen Ort gefunden, an dem er uns nicht erreichen konnte. Hatten Glück gehabt. Aber wir hatten uns nur für eine Weile verborgen. Hatten Verstecken gespielt. Jetzt waren wir hier, an seinem Hof.

Jetzt sah er uns und wollte uns haben.

7

Wir schöpften Wasser mit dem Schildkrötenpanzer und den Dosen, um uns zu waschen und abzukühlen.
Wenn es Abend wurde, aßen wir.

Einige Bissen. Ein paar wenige. Nicht mehr.

Wir tranken. Aber es gab weniger Wasser als am Tag zuvor. Und ich wusste, dass, wenn uns das Essen ausginge, wir mehr trinken würden, als wir gewonnen hatten. Allein um am Leben zu bleiben.

Dann würde kein Wasser mehr da sein.

Kein Wasser. Kein nichts.

In der Ferne sah ich eine Flosse. Ich fixierte die Stelle, wo sie gewesen war, starrte, bis mir die Tränen in die Augen traten. Aber sie war weg.

»Ich bilde mir Dinge ein«, flüsterte ich. »Ich glaube, ich werde verrückt, Aya. Hast du gehört?«

Sie sah mich an, als wäre ich ein Fremder und spräche in einer Sprache, die sie nicht verstand.

In der Nacht wurde es kalt.

Mit der Zeit würden wir einschlafen. Aber bis dahin würden noch Stunden vergehen. Und wir hatten nichts als Sterne vor unseren Augen.

»Erzähl mir eine Geschichte«, flüsterte ich.

»Ich kann nicht. Ich bin müde.«

»Scheherazade musste Geschichten erzählen. Um am Leben zu bleiben. Sie hatte keine Wahl.«

»Eine Geschichte macht uns kein Essen oder *Aman*. Eine Geschichte macht kein Zuhause oder den Wind, um uns dorthin zu bringen.«

Ich konnte sie genauso wenig dazu bringen, mir eine Geschichte zu erzählen, wie auf der Insel zu bleiben. Dabei wollte ich doch nur ein bisschen abgelenkt werden von dem, was wir beide tief im Herzen wussten, aber uns nicht laut zu sagen trauten: dass unsere Zeit ablief.

»Wie geht das mit dem Geschichtenerzählen?«, fragte ich mit kratziger Stimme. »Lernst du sie auswendig?«

»Das ist nicht so leicht, Bill«, sagte sie.

Selbst in der Dunkelheit konnte ich die Erschöpfung in ihren Augen sehen.

Sie drehte sich auf den Rücken, sah zu den Sternen hinauf. Starrte und starrte. Ohne zu blinzeln, fast ohne einen Atemzug. Halb wachend, halb schlafend. Ich stupste sie an. Sie rührte sich nicht. Ich stupste wieder.

»Alles in Ordnung mit dir?«, fragte ich. Und dann bekam ich Angst, weil ich dachte, sie würde mir entgleiten.

»Du brauchst Wasser«, sagte ich. »Ich hole dir ein bisschen *Aman*.«

»Nein«, sagte sie. »Es ist nur ein Traum.« Sie lächelte. »Manchmal ist es wie der Sternenhimmel.«

»Was?«

»Eine Geschichte. Es gibt diesen Menschen und diese Sache, die passiert, und dann noch eine Sache. Jede ist wie ein Stern. Aber das ist noch keine Geschichte. Siehst du den da?« Sie zeigte zum Himmel hinauf.

»Ja, der Polarstern.«

»Nein, tiefer.«

»Den Großen Wagen? Wenn man die Linie der beiden Sterne verlängert, findet man den Polarstern.«

»Ja, aber deshalb sage ich das nicht. Es ist ein Bär. Das ist die Geschichte.«

»Was?«

»Die Form dieser Sterne ist wie ein Bär. Die Sterne sind nur Licht am Himmel. Die Geschichten sind die Linien dazwischen.«

»Es gibt keine Linien dazwischen.«

»Keine Linien, die du siehst. Du machst sie selbst. Hier drin.« Sie tippte sich an den Kopf.

»Ich verstehe nicht«, sagte ich.

»Okay, das ist ein Weg. Ein anderer ist wie eine Karte des Meers.«

»Karte?«

»Ja, Karte. Du kennst den Anfang, du kennst das Ende. Aber den Weg kennst du nicht. Wie du und ich mit *Tanirt*. Und die Geschichte ist wie ein Boot auf dem Meer. Kann hierhin fahren. Kann dorthin fahren. Man weiß es nicht. Wind und Sonne nehmen sich das Boot. Wir segeln, aber wir entscheiden nicht. Wind und Sonne entscheiden.«

»Du meinst, du erzählst eine Geschichte, weißt aber nicht genau, was passieren wird?«

»Ja. Und man erinnert sich an einiges.«

»Erinnerst du dich an die Geschichte oder *Sachen*, die *in* der Geschichte vorkommen?« Ich dachte daran, wie Aya mir in der Hütte von Sakkina und ihrem Onkel und den bewaffneten, schwarz gekleideten Männern erzählt hatte.

Wieder lächelte sie, ein wenig Kraft schien sie noch übrig zu haben, irgendeinen versteckten Lebensvorrat, aus dem sie schöpfte.

»Ich erinnere mich an viele Geschichten, die mein Onkel erzählt. Manche sind kurz, und ich weiß noch jedes Wort, das mein Onkel gesagt hat. Manche sind wie die Sterne, aber die Linien dazwischen muss ich aus Worten machen. Verstehst du? Für den Bären. Den Sultan. Den Dschinn.«

»Du hast die Geschichte von Scheherazade nie zu Ende erzählt. Was geschieht mit ihr? Erzählt sie für immer Geschichten, um am Leben zu bleiben?«

»Du willst es wissen?«

»Ja, wie der König. Oder war es der Sultan? Der, dem Scheherazade die Geschichten erzählt?«

»Ja, der König. So wie er.«

»Ich erinnere mich an alles, Aya. Thiyya hat den Dämon besiegt, und er hat ihr einen Stein gegeben, einen Rubin. Und sein Name ist Feuerherz. Das ist die Geschichte, die Lunja dem Sultan erzählt hat. Und Scheherazade hat beide Geschichten dem grausamen König erzählt.«

»Du weißt es noch gut.«

»Ich erinnere mich.«

Ich konnte ihr ansehen, dass ihr das Freude machte.

»Hat er am Ende ihr Leben verschont?«, fragte ich.

»Du willst ein Ende. Du willst, dass das Ende glücklich ist, ja? So sind Geschichten, das Leben ist nicht so. Aber ja, Bill. Hier hast du ein Ende: Scheherazade und der König bekommen ein Kind, einen Jungen. Aber er stirbt, bald nach der Geburt. Dann sagt Scheherazade zum König, dass sie keine Geschichten mehr hat.«

»Das war's?«, sagte ich. »So geht es zu Ende?« Mein Herz wollte brechen. »Das geht nicht. Das geht so nicht!«

Aya sah bekümmert und traurig aus. Ich glaubte, sie überlegte, ob sie sagen sollte: Ja, so geht es zu Ende, oder ob sie die Kraft hatte, fortzufahren.

Sie wandte mir das Gesicht zu und sagte: »Ich werde erzählen.«

SCHEHERAZADES LETZTE GESCHICHTE

Es war viele Jahre her, dass Scheherazade im Königreich ihre Geschichten erzählt hatte, unter den Sternen von tausend Nächten. Sie hatte von Sonne und Mond, Wasser und Erde, Feuer und Luft erzählt, von Ungeheuern und Dschinns, die aus dem Land verschwunden waren, die wir in unseren Herzen aber immer noch fürchten. Sie hatte viele Geschichten von Schätzen erzählt, die gefunden und verloren und dann wiedergefunden wurden. In den Tagen und Jahren, die sie mit dem König verbracht hatte, war die Sonne tausendmal unter- und tausendmal wieder aufgegangen.

Sie lag neben dem König.

»Erzähl mir eine Geschichte, Scheherazade«, sagte der König. »Erzähl mir eine Geschichte. Denn mein Herz bricht, jetzt, da mein Sohn ist tot. Hol mich aus dieser Hölle. Erzähl mir eine Geschichte von unserem Sohn und lass uns ihm einen Namen geben, denn wir werden nur dann wissen, dass er gelebt hat, wenn er auch einen Namen hat. Wir wollen unseren Sohn Anamar nennen. Erzähl mir eine Geschichte, wie Anamar ein Engel geworden ist, das verlange ich von dir.«

»Herr«, sagte Scheherazade zum König. »Ich habe gesagt, dass ich keine Geschichten mehr habe. Du solltest mich töten lassen und ich werde in Frieden sterben. Hol deinen Henker. Und morgen nimm dir eine neue Braut.«

»Ich befehle es dir.«

Scheherazades Herz war aus Stein. Sie hatte kein Mitleid mit dem König. Und er erkannte es. Er stieg aus dem Bett und kniete auf dem Boden nieder.

»Na schön, ich flehe dich an.«

»Dann *werde* ich dir eine Geschichte erzählen, aber es ist nicht die, die du hören willst. Und es wird meine letzte Geschichte sein. Und dann wirst du mich töten lassen. Hast du verstanden?«

Der König antwortete nicht. Er hörte nur zu.

»Du wirst, o mein großer König, diese Geschichte lieben, denn es ist eine Geschichte über einen unerschöpflichen Schatz, und was noch wichtiger ist – ein großes Geheimnis wird offenbart, da dies eine wahre Geschichte ist, Herr. Ja, sie ist wahr!«

Aber der König setzte sich nicht auf, so begierig war er, die Geschichte zu hören. Als er sprach, war es nur ein Flüstern: »Wird diese Geschichte mein Herz heilen?«

»Herz! Wozu brauchst *du* ein Herz?«, fauchte Scheherazade und drohte dem König mit der Faust. »Du, der du mehr als alles andere Land und Gold, Seide und Safran und andere Kostbarkeiten begehrst. Höre nun die Geschichte vom größten Schatz, den es je gab. Eine Truhe voll mit Gold und Diamanten. Eine Kiste voller Edelsteine und Metalle, die leuchten wie die Sterne, wie die Sonne und das Meer im Licht des Monds. Der kostbarste Schatz auf der Welt.«

Der König stand auf, und seine Augen waren weit geöffnet, als wäre er gerade aus einem Traum erwacht.

»Ja, mein König! Es ist ein Zauberschatz. Denn je mehr du deinen Untertanen gibst, desto mehr wirst du selber haben.

Mehr habe ich davon nicht zu erzählen. Nur dies. Obwohl es diesen Schatz in Wirklichkeit gibt, kann ich dir nicht sagen, mein König, wo er ist. Nur du selbst kannst herausfinden, wo er vergraben liegt. Und wie ich sagte, wenn du ihn findest, je mehr du deinen Untertanen davon gibst, desto mehr sollst du selber haben. Ich wünsche dir Glück, ich bete, dass du nicht den Rest deines Lebens damit verbringst, nach ihm zu suchen.«

Das Licht des frühen Morgens erhellte die Kammer. Scheherazade verließ das Bett und kniete mit gesenktem Kopf nieder. »Nun ruf deine Männer. Ich bin so weit.«

Die Männer erschienen. Es machte sie traurig, Scheherazade zu holen, denn sie liebten sie und ihre Geschichten. Viele von ihnen weinten. Aber sie wussten, der König kannte keine Gnade, und sie konnten nicht um ihr Leben flehen.

Aber dann ... dann sagte der König, der ein Mörder und Dieb war, aber auch ein Ehemann und Vater, der vor Trauer verging: »Der Schatz, von dem du sprichst, ist die Liebe. Er wohnt in unserem Herzen zusammen mit dem Schatten der Angst. Sein Licht wird den Schatten nicht besiegen. Aber er kann wie ein Feuer in der Nacht oder wie der Mond am Himmel sein. Er bringt Licht in die Dunkelheit, bis der neue Tag anbricht.«

Und er liebte seine Königin Scheherazade und er liebte seine Untertanen. Und nun, nach tausend Geschichten, lauschte er dieser Geschichte und versprach, sie jeden Tag seinen Untertanen zu erzählen, bis in alle Ewigkeit, und er sagte zu seiner Königin Scheherazade: »*Dies* ist die Geschichte, die nie enden wird.«

Ich sah das Mondlicht in Ayas Augen schimmern.

»Warum weinst du?«, fragte ich.

Aya antwortete unter Tränen: »Weil diese Geschichte nichts bedeutet. Ich werde Sakkina nie wiedersehen. Das ist das Ende der Geschichte. Das! Tod.«

Eine kalte, leere Angst erfüllte meinen ganzen Körper.

»Nicht«, sagte ich. »Sag das nicht. Nach all dem, was wir durchgemacht haben, müssen wir einfach leben.«

»Ich habe gesagt, dass wir die Insel verlassen müssen. Und es tut mir leid.«

8

Das Wasser ging langsam zur Neige. Wir machten mehr. Dafür war der Sonnendämon gut.

Es ging langsam, wir machten weniger, als wir tranken.

Wir saßen jeder für sich im Schatten unserer Kopfbedeckung, des Umhangs, der Windjacke.

Ich hielt nach der Flosse Ausschau. Ich guckte und guckte. Aber ich sah sie nicht.

Doch am nächsten Tag:

Sie war hinter uns. Der gekrümmte Bogen der Flosse im Kielwasser des Boots. Ich hatte immer gedacht, ein Hai müsse schnell sein, aber dieses Monster trieb langsam, fast träge durch das stille Blau. Als es herankam, konnten wir seine Flosse richtig sehen. Weiß, mit schwarzen Rändern über dem Wasser. Sein Körper ein großer grauer Schatten darunter.

Ich schloss die Augen.

»Das stimmt gar nicht«, sagte ich. »Ich bilde mir das ein. Ich spinne.«

»Nein, Bill. Guck.«

Er war da, lauerte, wartete.

»Nein, nein, nein. Das *kann* nicht sein.«

Aber es konnte. Es *war*.

Wir paddelten und er folgte uns. Über Stunden, bis in die Nacht.

Ich schlief nicht.

Dann, beim ersten Tageslicht, stieß er gegen das Boot. Die Möwe krächzte und flatterte auf.

»Bill!«, schrie Aya. Wir saßen beide kerzengerade. Ich packte das Ruder. Aya schnappte sich das Messer und hielt es in der Faust.

Ich spähte aus dem Boot, eine zitternde Hand auf der Bordkante. Der Stoß war ein Stups, ein Test gewesen. Er kam. Es gab keinen Zweifel. Er schwamm steuerbord an uns vorbei, wir sahen ihn ganz aus der Nähe. Schwarze Augen, weiße Zähne. Ein Gesicht ohne jeden Ausdruck.

Die Möwe beobachtete ihn, hüpfte von einem Bein aufs andere, verlor ihn nicht aus den Augen. Die Möwe kannte sich aus. Sie wusste sich in Acht zu nehmen.

Er verschwand und kam wieder, Mal um Mal. Und jedes Mal klammerten wir uns an Messer und Ruder. Und jedes Mal machte sich das gleiche kalte, mulmige Gefühl in meinem Magen breit.

Dann war er fort. Noch stundenlang starrten wir auf das glatte Wasser.

Am frühen Abend fischte ich. Ich wollte es nicht. Ich wollte nichts tun, das ihn zurückbringen könnte. Aber wir mussten essen. Etwas biss an. Zum ersten Mal seit Tagen. Ein stattlicher Fisch. Wir fingen an, ihn einzuholen.

Der Hai glitt auf uns zu. Ich arbeitete schnell, aber er war schneller und nahm sich den Fisch und auch den Haken. Ich umklammerte das Ruder mit aller Kraft, die ich noch hatte.

»Du kriegst ihn nicht.«

Die Schnur spannte sich und riss, ich blieb mit gar nichts zurück. Ich dachte an das Seil, mit dem das Rettungsfloß an der *Pandora* festgemacht war. Wie der Sturm es zerrissen hatte.

»Er ist ein Monster«, sagte Aya. In ihren Augen stand der Hass. Und Angst und Abscheu. So hatte ich sie manchmal mit Stephan gesehen. Sie spuckte ins Wasser.

»Haie sind Millionen von Jahren alt«, sagte ich. »Es gab sie vor den Dinosauriern. Kein Monster. Nur ein Tier.«

»Kein Tier. Er *ist* ein Monster«, beharrte sie.

Und ich dachte: *Sie hat recht, das ist er.*

»Jeder Hai ist eine Kopie«, sagte ich.

»Was?«

»Von dem einen wahren Hai«, sagte ich. »Von diesem.«

»Was?«

»Ich ... ich weiß auch nicht. Keine Ahnung, was ich da rede.« Ich wusste es wirklich nicht. Ich konnte kaum das Ruder halten, kaum noch aus den Augen sehen. Der Horizont verrutschte immer wieder.

Ich spürte das Licht der Sterne und das Flüstern der See. Es steckte eine Energie darin, stark und lebendig; eine elektrisierende Kraft, die durch meine Knochen strömte und über jeden Zentimeter meiner Haut. Ein verschwindender Schatz.

9

Wir sahen etwas. Einen Punkt am Horizont, gerade als das Meer den letzten Sonnenrest fraß. Für den nächsten Morgen nahmen wir uns vor, ihn anzusteuern.

Wir tranken *Aman*. Fast alles, was wir hatten.

Bevor wir den Angelhaken verloren hatten, war mir eine Idee gekommen. Unser Köder war ausgedörrt und stank, also hatte ich überlegt, mir ein Stück Haut aus dem Bein zu schneiden und das als Köder zu benutzen.

Der bloße Gedanke hätte mich schockieren sollen. So wie Stephans Tod mich hätte schockieren müssen. Aber das »Ich«, das hätte schockiert sein können, gab es nicht mehr. Mir ein Stück Haut aus dem Bein zu schneiden, schien vernünftig zu sein. Nur dass wir jetzt keinen Haken mehr hatten.

Mir kam ein neuer Gedanke. Einer, der sich nicht mehr verscheuchen ließ.

Wer von uns würde zuerst sterben? Wer übrig blieb, würde den anderen aufessen müssen.

Es war wie eine Stimme. Sie war nicht in meinem Kopf, sie kam von weit her stattdessen.

Ich brachte die Stimme zum Verstummen. Ich dachte:

Das ist nicht richtig.

Nichts davon ist richtig.

Stephans Tod. Das eigene Fleisch als Köder zu verwenden. Kannibalismus.

Morgen.

Der Wind hatte das Meer aufgerührt. Der ferne Punkt hob und senkte sich mit der Dünung. Wir verloren ihn immer wieder aus den Augen. Zu navigieren war schwer, weil die Sonne ständig hinter die Wolken glitt.

Ein Boot war es nicht. Ein Boot würde sich bewegen. Vielleicht war es Strandgut, ein Wrackteil, ein Felsen, eine Insel?

Ich verkniff mir jede Hoffnung.

Ich paddelte langsam, hielt immer wieder inne, um Ausschau nach dem Hai zu halten, hoffte, dass er uns in Ruhe lassen würde, jetzt, wo er unseren Fisch hatte.

Aya hockte reglos und schwach hinten im Boot.

Sie rieb sich ununterbrochen den Bauch, der Mund stand offen. Als würde sie jemand füttern. Die Möwe saß leise krächzend hinter ihr.

Wir machten Pause. Aber nicht zu lang. Ich hatte zu große Angst, den Punkt aus den Augen zu verlieren. Mein Kopf fühlte sich seltsam leicht an. Kaum noch in der Lage, Befehle an meine Muskeln weiterzuleiten.

Paddel. Paddel weiter.

Aber jeder Schlag war eine Welt aus Schmerz.

»Erzähl mir eine Geschichte«, krächzte ich.

»Ich kann nicht«, sagte Aya. »Ich bin schwach.«

Ich lehnte mich keuchend zurück. Ich hatte auch keine Kraft mehr.

»Bitte, Aya.«

»Es war … einmal … Ich kann. Nicht.« Ihre Augen waren verblassende schwarze Sterne.

Als wir auf der Insel waren und sie geschwommen war, hatte das Kleid an ihr geklebt. Sie war dünn gewesen, aber ihre Gestalt war mädchenhaft. Mit Kurven und Rundungen. Aber das war alles weg. Ihr Körper verzehrte sich selbst. Sie war ein Strich in der Landschaft, gehüllt in einen vergammelten Sack. Auch ich war ein Strich in der Landschaft, unter einem T-Shirt voller Löcher und zu großen Shorts.

Wenn der Wind die Lumpen gegen Ayas Körper drückte, konnte ich ihre Rippen sehen.

»Warum sind wir bloß von der Insel weg?«, sagte ich zu niemandem.

Wir kamen näher heran. Aber noch immer war der Punkt weit entfernt.

Ihn zu erreichen, dachte ich, würde mich umbringen. Ich glaubte es fest. Ich brach zusammen.

»Wir werden sterben«, sagte ich.

Aya löste das Brett der Sitzbank und sagte: »Ja, wir sterben. Wenn wir alt sind und mit den Kindern unserer Kinder spielen.« Sie kniete sich im Bug. »Komm«, sagte sie. Sie half mir auf die Knie. »Ich erzähle dir eine Geschichte. Es war einmal eine Zeit, da lebten auf dem großen Meer ein Mädchen und ein Junge. Allah, in all seiner Herrlichkeit, segnete sie mit einem Boot voller Gaben und Schätze … Jeden Tag wurde der Schatz kleiner. Aber als das Boot leer war, hatten sie immer noch eines übrig.«

»Was?«

»Hoffnung.«

Sie paddelte, mit vor Anstrengung verzerrtem Gesicht.

»Wie geht die Geschichte zu Ende?«, fragte ich, als ich das Ruder nahm.

»Sie leben.«

≋

Der tote Wal lag auf der Seite. Der größte Teil seines Körpers war unter Wasser, aber der Kopf lugte heraus. Eine schwimmende Insel. Ein kranker, fleischiger Eisberg.

Unsere Möwe flog zum Riesen, sie hatte kaum noch genug Kraft, sich in der Luft zu halten. Sie landete, wo einmal sein Auge gewesen war, und pickte Fleisch aus dem verbliebenen Loch. Der Wal stank, doch ich wusste, dass auch wir bald sein Fleisch essen würden.

Das Wasser hob und senkte sich im Wind. Dennoch konnten wir in der Tiefe sehen, dass die Flosse des Wales und auch der größte Teil seines Körpers schon gefressen waren, Teile des Skeletts waren sichtbar. Schwärme von Fischen versorgten sich: Rochen, Thunfische, silbrige, gestreifte Fische, herumschießende gelbe, pausbäckige von der Größe meiner Hand mit schillernden Schuppen. Hunderte. Tausende. Und wir hatten keinen Haken mehr.

Zwischen den Fischen Schatten, die von dem aufgeblähten Riesen fraßen. S-förmige Schwimmer. Haie, die durch das Wasser glitten und zusammenkamen, als hätte eine Glocke zum Essen geläutet.

Es gab so viele unterschiedliche Haie wie andere Fische: Hammerhaie, aalglatte blaue, kurze fette. Einer nach dem anderen stießen sie zu, rissen Stücke aus dem Kadaver, schlugen mit dem Kopf von einer Seite zur anderen, bis sie ihren Brocken ausgelöst hatten. Dann verschwanden sie im Blau. Zu diesem Gelage erschienen sie abwechselnd. Kleinere Fische wichen ihnen aus oder flitzten vor ihnen davon.

Der Anblick der Haie löste Entsetzen in mir aus. Die scharfen Rückenflossen, die toten Augen. Haie *sind* Angst. Die Angst schwamm kalt durch meinen Bauch.

Dann erschien der Schatten.

Er schob sich zwischen die Haie und Fische und war binnen Sekunden mit dem toten Wal allein. Alle anderen waren verschwunden.

Es stieg zur Oberfläche auf und trieb neben uns.

»Jesus«, winselte ich.

»Allah schütze uns«, sagte Aya.

Ich packte das Ruder, war bereit zu kämpfen, sollte es dazu kommen. Das Monster wendete. Seine Rückenflosse durchschnitt die See, als es davonglitt.

»Er ist so ... so ... *elegant*«, stieß ich mit Mühe hervor.

Ich ließ das Ruder fallen. Wir klammerten uns aneinander und machten uns im Boot so klein, wie es nur ging.

Wir sahen nicht mehr hinaus. Als wäre die Bordkante eine Klippe, hinter der gar nichts mehr kam.

»Es ist okay«, keuchte ich. »Er will uns nichts.«

»Bill, ich ...«

Bumm. Als würde das Boot von einem Beben erschüttert. *Alles* wankte.

Aya schrie: »Bitte, Bill, bitte!«

»Ich ... weiß doch auch nicht ...«

»Bitte.«

Ich ging auf die Knie und warf einen Blick über die Bord-kante. Doch bevor ich etwas sehen konnte ...

Bumm.

Ich kippte zur Seite. Ich setzte mich wieder auf, packte das Ruder und reckte es in die Höhe.

Ich betrachtete die Linie seiner Rückenflosse, als er davon-schwamm. Sie entfernte sich so weit, dass ich schon glaubte, er würde verschwinden. Aber dann wendete er scharf und war auf einmal genau vor uns. Und dann beschleunigte er, wie ein Lastwagen.

Ich saß im Bug und machte mich bereit, ihm einen Schlag mit dem Ruder zu versetzen. Ich brüllte ihn an.

Er streifte das Boot, seine Schwanzflosse traf den Bug.

Der hintere Teil des Bootes senkte sich ins Wasser, bevor es sich schaukelnd und schwankend wiederaufrichtete.

»Bill!«, rief Aya.

»Ich ... Warte, sieh doch!« Der Rumpf lief voll. Wir saßen im Wasser.

Wir sanken.

Ich schwenkte das Ruder, keuchte, sah mich um. Er kam wieder. Kurz bevor er uns traf, schlug ich ihm das Ruder in den Rücken. Er knallte gegen das Boot, schlug mit der Schwanzflos-se aus, als hätte er sich seine Energie genau dafür aufgespart.

Ich schob Aya zur Seite. Der Stauraum lief voll. Ich packte das Messer und die Schnur.

»Schrei ihn an«, sagte ich. »Schmeiß was nach ihm. Irgend-was!«

Ich arbeitete so schnell ich konnte. Ich spulte etwas Schnur ab, nahm dann das Messer und schnitt ein Stück ab. Dann riss ich einen Streifen von meinem T-Shirt und wickelte ihn um den Messergriff und das Ende des Ruders. Ich schlang die Schnur fest darum. Aber meine Hände zitterten und alles ging so langsam wie in einem Albtraum.

Bumm. Er traf wieder.

Die Schnur, das Ruder, das Messer. Ich machte daraus einen Speer. Und selbst in diesem panischen Moment, in dem alles stillzustehen schien, wusste ich: *Wenn wir diesen Speer verlieren, verlieren wir alles.*

Aya schlug mit der Sitzbank aufs Wasser.

Als der Speer fertig war, stand ich auf, stellte ich mich breitbeinig hin, reckte die Waffe hoch über meinen Kopf.

»Wo ist er?«, fragte ich.

»Ich sehe ihn nicht ... da!«

Er kam von der Seite. Das Maul aufgerissen, voller Zähne.

Er sprang. Er wich aus oder ich traf ihn einfach nicht. Er schwamm fort, wendete und griff wieder an. Nur dass er diesmal tiefer schwamm, sich plötzlich bog und dann wie eine Rakete aus dem Wasser schnellte.

Beim Aufprall hob sich das Boot, als wäre es von einer riesigen Faust getroffen, dann krachte es zurück auf die Wasseroberfläche.

Wasser flutete herein. Es reichte mir schon bis zu den Knien. Ich schwang den Speer, stieß ihn ins Wasser. Aber er war so schnell, so clever. Er drehte sich und wich dem Speer aus.

»Hast du ihn getroffen?«, fragte Aya.

»Weiß nicht. Und wenn schon, wir sinken. Du musst schöpfen!«, schrie ich. Aya griff nach dem Tonnendeckel und schöpfte, kippte das Wasser über die Bordkante.

Ich wartete. Plötzlich hatte ich Zeit nachzudenken, zu begreifen, was geschah. Ich kannte die Wahrheit. Er würde wieder und wieder und wieder kommen, bis er uns in seine Welt geholt hätte. Das konnte Sekunden oder Stunden dauern, aber aufgeben würde er nie. Er würde uns rammen, bis wir untergingen. Dann Zerren und Reißen, sein peitschender Körper in einer Blase aus Blut. Dann Dunkelheit. Nichts mehr.

Ich wusste, dass wir ein Leck hatten, dass unser Gewicht das Boot zum Sinken brachte. Mir blieb keine Wahl.

»Komm her!«, schrie ich.

Diesmal kam er von unten. Ich holte aus.

Das Messer hinterließ einen tiefen Riss in seinem Rücken. Eine Sekunde lang blieb es dort stecken, und ich hielt das Ruder fest, bis er sich losgerissen hatte.

Der Hai wand sich, er wühlte das Wasser auf. Doch jetzt färbte das Wasser sich rot.

»Ich habe ihn erwischt!«, schrie ich.

Er sank tiefer, drehte sich, von einem roten Nebel eingehüllt.

Angezogen von dem Blut, erschienen plötzlich andere Haie. Jetzt hatten sie keine große Angst mehr vor dem Weißen.

Aya schrie, sie schöpfte und schöpfte, voller Panik. Aber das Boot lief voll und wir sanken. Der Hai drehte bei. Er war verletzt, aber nicht erledigt, und schoss mit offenem Maul zurück nach oben.

Ich hob den Speer und stieß ihn ins Wasser. Die Klinge steckte im Kopf des Hais, direkt über seinem Auge.

Er schlug um sich, aber ich hielt den Speer und Aya hielt mich. Ich spürte seine rohe Kraft. Ich spürte, wie Aya den Halt verlor, und dann spürte ich den Schock des Wassers, als ich fiel und unterging.

Ich klammerte mich an den Speer, spürte, wie er in meiner

Hand zitterte, und stieß zu. Stieß zu. Den Hai konnte ich nicht sehen, nur blaues und weißes Chaos. Dann rote Wolken. Dann riss er mir den Speer aus der Hand.

Ich schlug mit den Armen, schwamm, geriet in Panik, drehte mich.

Ich musste zurück zum Boot, wusste aber nicht mal, wo oben war. Bis ich plötzlich oben war, in blauem Wasser.

Ich tauchte auf. Aya griff meine Hand. Sie zog fest, weinte vor Anstrengung. *Verzweifelt* zog sie an meinen Haaren, meiner Haut, meinen Shorts, dann war ich drin.

Ich warf einen Blick über die Bordkante, um zu sehen, ob er wiederkam. Und tief unten sah ich ihn, in all dem Rot wild mit dem Kopf um sich schlagend. Ich sah, wie er sich in Position zu bringen, sich für den nächsten Angriff bereitzumachen versuchte, doch er zuckte und taumelte bloß. Der Speer steckte ganz in der Nähe seiner Augenhöhle. Die Klinge saß tief. Er konnte ihn nicht loswerden. Er sank, er trudelte tiefer. Und unser Messer, unser Ruder, unsere Schnur nahm er mit.

Die Knechte wandten sich schnell gegen ihren Herrn, schwärmten herbei, um zu töten und zu fressen.

Wir waren wieder allein.

Ich drehte mich um und sah Aya wie verrückt schöpfen.

»Ich helfe«, sagte ich, aber dann kotzte ich einen Wasserschwall. Alles verschwamm vor meinen Augen: das Boot, der Himmel, Aya.

Die Sonne knallte.

Ich spürte Aya an meinem Fuß. Sie deckte meinen Fuß mit ihrem Umhang zu. Sie riss an ihrem Kleid und stopfte das Stück Stoff in einen Riss im Rumpf.

Ich wollte helfen, kam aber nicht hoch. Ich lag keuchend da

und schwitzte. Sie schöpfte noch mehr, bis das Boot wieder auf dem Wasser lag. Auf den Wellen hüpfte.

»Die Sonne«, sagte ich. Selbst in meiner Benommenheit konnte ich spüren, wie sie auf mich einschlug.

»Die Hüte sind weg, im Wasser. Ich kann sie nirgendwo sehen.«

»Mein Fuß«, sagte ich. Ich beugte mich vor, um den Umhang anzuheben.

»Nein«, sagte Aya, »nicht.« Aber ich schob ihre Hand weg. Ich sah hin.

»Oh Gott. Nein.« Ich hatte nicht einmal bemerkt, dass es geschehen war. Ich hatte keine Ahnung, *wie*. Doch es war geschehen. Im Wahnsinn, im Wasser.

Mein rechter Fuß war hinüber. Ein zerstörter Klumpen Fleisch, von dem das Blut tropfte. Zwei Zehen waren weg, die anderen waren zerfetzt. Ich versuchte, sie zu bewegen, und wurde fast ohnmächtig vor Schmerz. Ein Haizahn steckte wie eine Glasscherbe in einem Zeh.

»Mein Fuß«, sagte ich wieder. Aya riss noch ein Stück Stoff von ihrem Kleid und wickelte den Stoff fest um meinen Knöchel. Ich sah ihr zu. Sie gab sich Mühe, aber es war einfach zu viel Blut.

Ich verlor das Bewusstsein.

≋

Fieber.
Blutverlust.
Meine brennende Kehle.
Die Sonne blendet mich.
Ich sinke.

Entgleite.

Mein Herz schlug schwach, Gift kroch durch meinen Körper, meinen Verstand.

Ich erwachte unter einem sternenübersäten Himmel. Die Linien dazwischen formten Gestalten. Große Ströme erhoben sich wie Sand. Ein Bogenschütze auf einem Pferd. Ein Drache. Ein Dämon. Der Herr der Sonne, sie alle paradierten über den Himmel.

Ayas tröstende Stimme.

»Ruh dich aus, schlaf.«

Es gab keinen Unterschied mehr zwischen Traum und Wachen. Manchmal herrschte stille Finsternis und ich versank in ihr. Wollte es, wusste aber auch, dass es gefährlich war.

Die Welt der Dämonen.

Aya säuberte meinen Fuß. Sah ihn geschwollen und gelb angelaufen.

Kein Grund oder Sinn, kein wiederkehrender Ablauf.

Dann:

Unser Urlaub in Italien, als ich verloren ging.

Ich bin dort. Ich bin nicht mehr sechs, ich bin jetzt ich.

Da sind Bäume. Ich stehe im Schatten und sehe zu den Ästen hinauf, der Wind streift die Blüten. Sie fallen wie Schnee, bis die Sonne durchscheint.

Da sind Leute. Eine junge Mutter bringt ihrer Tochter das Radfahren bei. Zwei alte Männer in dunklen Anzügen sitzen über ein Schachbrett gebeugt an einem Tisch. Rauchen, lachen, nippen an ihrem Kaffee. Ich rieche den Kaffee. Ich rieche die Zigaretten.

Die weiße Statue eines edlen römischen Eroberers.

Drei Schüler rezitieren im Gehen etwas auf Lateinisch.

Ich erinnere mich. Und ich durchlebe es jetzt. Allein, aber nicht verängstigt. Es kümmert mich nicht, dass ich meine Familie verloren habe. Weil hier eigentlich nichts Schlimmes passieren kann.

Ich trete aus dem Schatten unter dem Baum hervor und halte mir die Hand vor die Augen. Die Sonne ist unerbittlich.

»Wo bin ich?«, frage ich.

10

Meine Haut brennt. Schmerz pocht in meinem Bein und meinen ganzen Körper, bis in mein Bewusstsein. Wie das Lied eines Wals schwingt er durch jeden Teil von mir.

Zeit aufzuwachen, sagt die Sonne.

Wenn die Sonne spricht, ist ihre Stimme so sanft wie ein Seufzen. Zunächst. Sie knistert durch das Kurzwellenradio in meinem Kopf, versucht sich Gehör zu verschaffen. Ich sehe Wilko, der seine Faust gegen das Radio schlägt, bis es im Lärm von Wind und Wellen zerbricht. Wilko salutiert, dann verschwindet er.

Wach auf.

Die Stimme, sie schwimmt. Kommt zuerst von weit her, schlängelt heran, bis sie in meinem Schädel ist. *Wach auf.*

Ich versuche zu sprechen, aber meine Kehle ist zugeschwollen. Meine Augen auch, ich kann kaum sehen. Da ist nichts zu sehen. Nur weißes Licht. Aber dann, obwohl meine Kehle verschlossen ist, finde ich heraus, dass ich sprechen *kann.* Meine Stimme ist klar.

»Aya?«, sage ich. Aber sie ist nicht da oder sie kann mich nicht hören. Da ist nur das Licht. Grell. Und dann sehe ich. Ich sehe sehr deutlich.

Einen mächtigen Sultan. Ein Umhang aus Sternen umweht ihn, er fließt über den Himmel. Er hat einen Krummsäbel in der Hand, schwer und scharf. Ein einziger Hieb kann durch hundert Männer fahren.

Der Sultan ist ein Mensch, aber auch ein Dämon mit diamantblauen Augen und einem großen und hungrigen Mund voller kleiner scharfer Zähne und einer Zunge, die sich wie eine Schlange windet. Er lacht, weil er weiß, dass er gewonnen hat. Dass er sich niemals beugen wird. Dass er unbesiegbar ist.

Sieh mich an.

»Wer bist du?«, sage ich. Doch er antwortet nicht. »Ich dachte, der Tod wäre dunkel.«

Der Tod ist dunkel, mein Freund. Eine Nacht ohne Sterne und ohne Morgengrauen. Er kommt bald. Du und er, ihr habt Zeit. Mehr, als du dir vorstellen kannst. Mehr, als sich irgendjemand vorstellen kann. Er wird kommen, wenn unser Gespräch beendet ist.

»Wer bist du?«

Ich habe keinen Namen. Du hast auch keinen Namen. Nicht mehr.

»Ich bin Bill. Ich bin. Du bist nicht real ... Ich habe eine Blutvergiftung ... Du bist Gift.«

Namen, Worte – das ist nichts. Dieses Wort »Bill« liegt hinter dir. In deinem Heimatland, auf den Kanaren, auf der Insel. Sieh mich an.

»Bill.« *Dieses Wort ist ein Tropfen Wasser in einem Strom, dann einem Fluss, er fließt schneller und schneller. Und jetzt fließt dieser Fluss in das Meer.*

Sieh. Mich. An.

»Ich werde blind.«

Du stirbst. Du solltest noch einmal schauen, bevor du gehst.

»Was willst du?«

Ich will, dass du es weißt! Ich werde mich niemals beugen.

Das Licht wird sanfter. Ich liege im vorderen Teil des Boots. Mein Bein liegt vor mir, es ist aufgeschwemmt und dick wie ein

Baumstamm. Gehört nicht mehr zu mir. Am Ende des Beins ist etwas Schreckliches in den Umhang eingewickelt. Aya kauert auf dem Sitz über dem Stauraum und beobachtet mich.

»Aya?«, sage ich.

Tränen laufen ihr übers Gesicht.

»Aya?« Meine Stimme ist trocken wie Sand. Ich versuche, die Hand zu heben. Aber das Licht blendet und lässt das Bild verschwimmen. Der Herr ist zurück.

Sieh. Mich. An.

Ich spüre die Hitze nicht mehr. Ich fließe und sinke zugleich. Beinahe bin ich schon fort. Doch eines soll er noch wissen:

»Du *hast* einen Namen. Mehr als einen. Mord und Folter und Missbrauch und Sklaverei und Hass. Viele Namen.«

Sieh. Mich. An.

»Ich kann nicht.«

Du bist nicht tapfer. Du kannst nicht hinsehen. Niemand kann das. Nicht am Ende. Du bist ein Skelett in einem Boot ...

»Aya hat dich gesehen, oder? Sie hat dir in die Augen geschaut.«

Dann sehe ich ihn an. Und er blendet mich nicht.

Mit einem Schlag vergeht ihm das Grinsen. Seine lodernde Wut wird überschattet. Für einen Moment erkenne ich ... Ist es Verwirrung oder Angst?

Ich spüre, wie mir das T-Shirt vom Körper gerissen wird. Die Sonne brennt auf meine Brust.

Ayas Flüstern: »*Tanirt* hat Geheimnisse. Im Stauraum ...«

Nacht.

IM NIRGENDWO

1

Aus der Dunkelheit Rufe. Freudenschreie.

»Er kommt zu sich. Gott sei Dank!«

»Ruhig, Liebling. Er braucht seine Zeit, um aufzuwachen.«

»Daaad?«, nuschele ich.

»Ja, mein Sohn. Wir sind hier.«

»Bill.« Die Stimme einer Frau. »Ich bin Dr. Jones. Du bist im Krankenhaus, in London. Du bist in Sicherheit. Wie fühlst du dich, Bill?«

Ich treibe dahin. Es dauert eine Weile, bis ich begreife, dass ich auf einem weichen Bett, einem Meer aus Nichts schwebe. Ich öffne die Augen, sehe aber nur verschwommen.

»Aya? Wo ist Aya?«

»Was ist Aya?«, fragt Mum.

»Wo bin ich?«

Die Ärztin erklärt es noch einmal, langsam. »Krankenhaus. London.«

»Wo ist sie? Aya!« Ich rufe ihren Namen, bevor ich es lassen kann, bevor ich mich an mein Versprechen erinnere.

»Da ist niemand außer dir, Bill«, sagt Dr. Jones. »Du wurdest allein gefunden.«

Ich bin am Leben. Ich bin in London. Mum und Dad sind hier. Aber Aya nicht.

»Mum.«

»Wir sind hier, Bill.« Mum nimmt meine Hand und drückt sie.

»Ja, wir sind hier, mein Sohn.« Dad hält die andere Hand. Es gibt Umarmungen und Tränen. Viele.

Ich versuche zu sprechen. Aber es ist schwierig, Worte zu finden. Und es genügt, ihre Hände zu halten und zu wissen, dass sie hier sind. Was immer jetzt passieren mag, sie sind hier.

Ich weine. Nicht nur, weil ich wieder bei Mum und Dad bin. Es hat noch nicht einmal mit Aya zu tun. Es ist, weil ich lebe. Nur ...

»Ich kann nicht sehen.« Ich bin jetzt aufgeschreckt. Es ist nicht nur, dass ich erst langsam zu Bewusstsein komme, ich bin halb blind.

»Kannst du *irgendetwas* sehen, Bill?«, fragt Dr. Jones.

Ich blinzele und versuche, meinen Blick auf etwas zu richten.

»Gelbe Flecken. Sie sind ein Schatten dahinter. Ich sehe ein bisschen was an den Rändern ...«

»Die Sonne hat deine Augen beschädigt. Wir werden Tests machen. Deine Sehkraft sollte vollständig zurückkehren. Aber es wird Tage dauern, vielleicht Wochen.«

Dann. Noch eine Erkenntnis.

Mein Fuß. Ich kann einen Teil – nein –, das *Fehlen* eines Teils spüren. Ich versuche, mit den Zehen zu wackeln, die nicht da sind.

»Du musst tapfer sein, mein Sohn«, sagt Dad. »Du hast leider ...« Ihm versagt die Stimme. »Es gab nichts, was sie tun konnten. Du hast einen Teil von deinem rechten Fuß verloren. Einige Zehen. Aber es gibt Prothesen. Und ... du hast Glück, dass du am Leben bist. Es ist ein Wunder. Wir haben die Hoffnung nie aufgegeben. Es gibt noch etwas, das du wissen solltest. Die Jungs von der *Pandora*, sie sind alle gesund und munter.«

»Das ist toll«, sage ich. »Waren da ... noch mehr Boote im Sturm?«

»Ja, da war noch ein Boot. Abgesehen von einem Mädchen sind alle gerettet worden. Sie ist verschwunden, vermutlich ertrunken. Aber ja, die Mannschaft der *Pandora* ist gesund und munter.«

Ich stelle mir Wilko und die anderen vor. Und ich denke an die Menschen auf Ayas Boot. Ich kann mich nicht freuen. Ich versuche es, kann aber nicht. Wo ist sie?

»Wie lange bin ich schon hier?«

»Vier Wochen, du warst im künstlichen Koma.»

»Koma!«

»Ja, aber wenigstens hast du dein eigenes Zimmer«, sagt Dad.

Darüber muss ich lachen.

»Alles zusammen waren es Monate«, sagt Mum. »Du bist jetzt sechzehn. Sobald wir nach Hause kommen, feiern wir deinen Geburtstag.«

Dr. Jones sagt, ich müsse mich jetzt ausruhen. Sie scheucht Mum und Dad hinaus.

Die Gedanken rasen. Dr. Jones hat gesagt, dass ich in Küstennähe in dem Boot gefunden wurde. Allein. Wurde Aya gerettet? Ist sie an den Strand geschwommen? Wie ist sie vom Boot gekommen, bevor ich gefunden wurde? Hat jemand sie gegen ihren Willen mitgenommen?

Es gibt keine Antworten darauf. Es fällt mir keine Geschichte ein, die Sinn ergäbe.

2

Dr. Jones stellt viele Fragen. Sie klingt vornehm zurückhaltend, aber herzlich.

Jetzt, wo ich wach bin, hat man mich auf eine andere Station verlegt. Um mir etwas Privatsphäre zu verschaffen, hat Dr. Jones die Vorhänge um das Bett zugezogen.

»An dem Tag, als sie dich hergebracht haben, nun ja, ich habe noch nie so etwas gesehen. Du warst ausgehungert und dehydriert. Dein Bein war geschwollen, dein Fuß schwarz. Du hattest eine Blutvergiftung, warst extrem dehydriert und deine Haut war verbrannt. Allein um dich zu stabilisieren, mussten sie dich für *fünf* Tage in Marokko behalten, bevor sie dich in ein Flugzeug bringen konnten. Es ist ein Wunder. Wie hast du all diese Wochen überlebt?«

»Ich habe getan, was ich tun musste.« Ich dachte an die Schildkröte. Die Insel. Stephan. Den Hai. Aya.

»Du warst sehr tapfer«, sagt Dr. Jones.

»Jeder tut, was er tun muss, um zu leben. Es ist nicht tapfer, man hat keine Wahl.«

»Du solltest uns erzählen, was passiert ist. Alles«, sagt Dr. Jones. »Es wird uns helfen, damit du gesund wirst.«

Ich frage mich, ob sie an meinen Körper oder meinen Verstand denkt, wenn sie »gesund« sagt. Ich will reden, aber ich will nicht lügen.

»Ich hatte Lebensmittelkonserven. Ich habe einen *Aman*-Macher ge...«

»Was?«

»Wasser. Ich habe einen Wasser-Macher gebaut.« Ich wechsele das Thema. »Wer hat mich gefunden?«

»Ein Fischer.«

Ich warte, aber mehr sagt Dr. Jones nicht.

»Wie? Wo?«, frage ich.

»Genau weiß ich es nicht. Als du aufgewacht bist, hast du ›Wo ist sie?‹ gesagt. Du hast gesagt: ›Aya.‹ Wer ist Aya?« Dr. Jones ist neugierig.

»Wo ist der Fischer?«

»Weit im Süden von Marokko. Am Rand einer Wüste. Ein anderes Land. Ein Kriegsgebiet.«

»Kann ich ihn erreichen?«

»Warum?«

»Ich ... ich möchte wissen, wie er mich gefunden hat.«

Ich spüre Dr. Jones' Finger auf meinem Arm, direkt unterhalb der Stelle, wo der Tropf sitzt. »Du weißt, dass du mit mir reden kannst, wir müssen einander vertrauen«, sagt sie.

Ich sage nichts mehr. Ich *kann* nicht mehr sagen. Sie streichelt meine Haut, tätschelt mir den Arm.

»Ist schon gut Bill. Wir haben Zeit.«

Das Bett ist ein Kokon. Aber es fühlt sich nicht richtig an. Weich und fremd. Die Luft ist lauwarm und klimatisiert. Das fühlt sich auch nicht richtig an.

Ich erinnere mich an das Meer, das harte Bett des Boots, das mich in den Schlaf wiegt. Ich erinnere mich an die kalten Nächte und die sengend heißen Tage. Draußen höre ich Stimmen, Autos, Vögel, Gesang, Musik.

Es ist wie in diesem Park in Italien. Zivilisiert, aber nicht wirklich. Später gibt es heiße Suppe und Brot, Tee, eine Cola.

Alles schmeckt ungewohnt.

Es wird lange dauern: gesund zu werden, richtig zu sehen, zu gehen, normal zu fühlen. Aber vielleicht gibt es auch nie wieder ein »normal«?
Die Welt in dem Boot und die Welt nach dem Boot gehören nicht in dasselbe Universum.

Dr. Jones fragt nach meiner »Ernährung« und den Wochen in der Sonne, sie will wissen, wie ich überlebt habe; sie will all die entsetzlichen Einzelheiten, wie ich am Leben geblieben, oder, um genauer zu sein, wie ich fast gestorben bin. Ich erzähle ihr ein bisschen was, achte darauf, nicht »wir« zu sagen; achte darauf, nicht zu viel zu verraten.

Meine Sehkraft kehrt zurück, jeden Tag ein bisschen mehr. Nicht vollständig. Ich sehe Farben und verschwommene Formen. Manchmal sehe ich orange und manchmal braun. Flecken schwimmen wie Fische in meinen Augen.

Wonach Dr. Jones lange nicht fragt, ist mein Fuß. Schließlich *sprechen* wir aber doch über ihn, weil ich laufen möchte. Ich bin es leid, die Bettpfanne zu benutzen, und das Bett ist zu einem Gefängnis geworden. Also stehe ich auf und nehme eine Krücke und gehe ein bisschen umher, obwohl es so ist wie damals, als wir auf die Insel kamen: Meine Beine wollen erst mal nicht. Sie werden ein paar Plastikteile ankleben, damit ich wieder einen ganzen Fuß habe. Ich werde darauf gehen können, aber die verschiedenen Operationen und die Gewöhnung daran werden Monate in Anspruch nehmen. Bis dahin: Krücken.

Während ich über den Flur hinke, sagt Dr. Jenkins vorsichtig zu mir: »Es ist eine traumatische Erfahrung, aber es könnte dir guttun, darüber zu sprechen. Natürlich ist jeder Patient anders. Magst du mir die Geschichte erzählen?«

Ich denke an den Schatten, den großen Monsterhai, der uns verfolgt hat. Aber ich weiß nicht, was ich sagen soll, was ich mit der Geschichte, wie ich ihn getötet habe, anfangen soll. Wie es aussieht, habe ich das ganz alleine geschafft.

»Ich schätze, Sie würden mir nicht glauben«, sage ich.

»Versuch es doch.«

Ich vertraue ihr und würde ich gern alles erzählen, auch von Aya, denn *nicht* von ihr zu erzählen ist so, als hätte es Aya nicht gegeben. Ich könnte unsere Geschichte erzählen und die Worte würden die Erinnerung lebendig machen. Der Wunsch zu erzählen wird immer mächtiger. Aber ich kämpfe dagegen an.

Mum und Dad fragen, ob ich Hörbücher haben möchte, um mir die Zeit zu vertreiben.

Ich frage, ob sie schon mal von den Geschichten Scheherazades gehört haben.

»Ja«, sagt Dad. »Bekannter sind sie als *Tausendundeine Nacht* oder *Märchen aus Tausendundeiner Nacht*. Scheherazade ist das Mädchen, das jeden Abend eine Geschichte erzählen muss, um ihr Leben zu retten.«

Er besorgt ein iPad und Kopfhörer, geht dann online und sucht. Es gibt viele Versionen. Die meisten enthalten nur ein paar Geschichten. Ich will alles. Dad bestellt eine Hörbuchreihe. Sie ist über siebzig Stunden lang. Und sogar das ist noch eine *gekürzte* Fassung.

Es geht los. Es ist nicht genau so, wie Aya es erzählt hat, aber im Kern sind sich die Geschichten ähnlich. Der König, die Hinrichtungen, Scheherazade, die Geschichten erzählt, um ihre Schwester zu retten und den Tod zu überlisten.

Ich warte auf die Geschichte vom Herrn der Sonne. Vom Schatten, dem Dämon. Thiyya, Lunja. Es sind so viele Geschichten, voller Magie und Mord, gerissenen Dieben und tapferen Helden, habgierigen Königen und grausamen Sultanen. Von Dschinns, Dämonen, Ungeheuern. Die Geschichten sind denen ähnlich, die Aya mir erzählt hat, aber sie sind nicht dieselben. Zunächst glaube ich, dass Ayas Geschichten später kommen. Immerhin gibt es tausendundeine davon. Doch als die Tage vergehen, beschleicht mich das Gefühl, dass sie gar nicht dabei sind.

Dad lädt auch ein paar naturwissenschaftliche Hörbücher runter, über schwarze Löcher, Neurowissenschaften, KI und die irre Quantenrealität, die unter allem liegt. Mit ein paar davon fange ich an, aber auf sie kann ich mich nicht konzentrieren. Scheherazades Geschichten höre ich stundenlang. Die einzige, die mir irgendwie vertraut vorkommt, ist die Geschichte von Sindbad, dem Seefahrer, der Schiffbruch erleidet und auf einer Insel strandet. Doch als er dort Feuer macht, wird ihm klar, dass die Insel kein Land, sondern der Rücken eines riesigen, schlafenden Wals ist.

Ein bisschen erinnert mich das an die Wale, die wir gesehen haben, und an die Insel, die ein Zuhause war, aber auch kein Zuhause. Ein bisschen erinnert es mich an den toten Wal, den die Haie fraßen, bis er auf den Meeresboden sank. Ein bisschen.

3

Ich habe Besuch. Es ist Wilko, der Kapitän der *Pandora*. Er versucht zu lächeln, als er die Hand ausstreckt, aber es wirkt gezwungen. Seine Haut ist aschfahl. Er sieht Jahre älter aus.

Wir geben uns die Hand. Er lässt nicht los, er hält mich fest.

»Wir haben versucht, zu dir umzudrehen«, fängt er an. »Der Sturm ...«

Ich entwinde ihm meine Hand, weil es peinlich ist. Er setzt sich auf den Stuhl neben dem Bett und sackt in sich zusammen.

»Dachte, du wärest tot«, sagt er.

»Ich dachte, ihr wäret tot. Ihr *alle*.«

»Es ist schön, dich zu sehen. Wir haben es geschafft.«

»Ja.« Mir ist unbehaglich zumute. Ich bin derjenige im Krankenhausbett, aber er ist derjenige, der schlecht aussieht.

»Ich habe nach dir gesucht«, sagt er. »Nachdem wir gerettet wurden. Die offizielle Suchaktion hat zwei Wochen gedauert, aber ich habe weitergemacht. Ich habe eine Jacht gechartert, deine Eltern haben bezahlt. Dein Dad ist auf den Kanaren geblieben. Er wollte mit, aber ich habe gesagt, dass es mich aufhalten würde.«

»Das hast du getan?«

»Haben sie es dir nicht erzählt?«

»Wir haben nicht viel geredet über die Zeit, in der ich weg war. Noch nicht.«

Wilko nickt. »Ich habe oft den Motor benutzt, weil es keinen Wind gab. Es war reine Zeitverschwendung, du musst meilenweit entfernt von der Stelle gewesen sein, wo ich gesucht habe. Kannst du mir vergeben?«

»Es gibt nichts zu vergeben. Du hast getan, was du konntest. Der Sturm kam aus dem Nichts. Es war nicht deine Schuld.«

»Ich bin mir nicht sicher, ob die Leute es so sehen. Die Zeitungen sehen es anders.«

Deshalb trägt er eine solche Last mit sich. Wenn ein fünfzehnjähriger Junge im Atlantik verloren geht, muss jemand Schuld haben. Dafür haben sie ihn ausgewählt.

»Ich muss mich bei dir bedanken«, sage ich.

Er ist verwirrt. Ich lächele.

»Wenn wir nach Hause zurückgekehrt wären, wenn wir nicht gesunken wären, wäre nichts von all dem passiert. Und ich bin froh, dass es passiert ist.«

Jetzt sieht er mich an, als hätte ich nicht alle beisammen. Und vielleicht habe ich das ja auch nicht.

Ich denke an Aya, die auf der Tonne treibt, daran, dass wir beide tot wären, wenn wir einander nicht in dieser Wüste aus Blau gefunden hätten. Ich bin dankbar für den Sturm, dafür, dass der Dschinn mich zu ihr und sie zu mir geführt hat.

Ich stelle mir vor, wie sie atmet, wenn sie schläft. Ihren Singsang und wie ihre Hände Bilder malen, wenn sie ihre Geschichten erzählt. Mir ihre Berberflüche zuzischt. Mit unserer Möwe in der Hütte kuschelt. Mir auf der *Tanirt* den Schweiß vom Gesicht wischt.

Aya lebt, irgendwo, jetzt. Ich glaube daran.

»Wie lange hat es gedauert, bis sie euch gefunden haben?«, frage ich.

Er rutscht auf seinem Stuhl herum. Was immer ich jetzt zu hören kriege, wird, glaube ich, nicht leicht von seinen Lippen kommen.

»Wir hatten schon bald kein Wasser mehr. Wir haben versucht, Regenwasser aufzufangen, aber das war unmöglich. Ständig drang durch das Vorzelt Wasser ein. Wir waren drinnen zusammengepfercht. Es war nicht leicht zu schöpfen. *Riesige* Brecher. Es war total dunkel. Und es ging hoch und runter, hoch und runter ...«

Er hält inne, weil er all das noch einmal durchlebt, während er davon erzählt. »Ich schwöre, ein paar der Jungs sind irre geworden. Kein Schlaf. Angst. Wellen, die uns hin und her geschleudert haben. Wir wurden herumgeschmissen und mehr als einmal nach unten gezogen, wir wussten nie, ob wir wieder hochkommen würden. Dann hat einer gesagt, wir seien zu schwer, also ...« Er bricht ab.

Ich kenne die Wahl, vor der sie standen. Ich kann das alles vor mir sehen. Wie sie sich einen greifen, ihn raus ins Meer schieben ... Wie *nahe dran* waren sie gewesen? Hat Wilko sie davon abgehalten? Haben sie sich selbst davon abgehalten?

Er fährt fort. »Aber wir ... Wir haben es durchgestanden.« Er sieht mich an, aber er spricht zu sich selbst. »Ja, wir haben es durchgestanden. Es war wie ... Wir wurden mit etwas Schrecklichem konfrontiert. Es war, als ...« Er seufzt tief.

»Erzähl weiter«, sage ich.

»Es war, als würde der Sturm uns hassen. Das Meer auch. Der Wind hat geschrien. Sie waren Monster. Klingt verrückt, oder?«

»Nicht für mich.«

»Und die Sonne, als die auftauchte, war da diese ... *Sache*. Die

Sonne, das Meer, der Himmel. Sie waren lebendig. Manchmal waren sie gütig, manchmal grausam. Du kannst es dir nicht vorstellen, es war ... Du musst es dir gar nicht vorstellen, oder?«

»Nein.«

Wir lachen.

»Dann hat uns ein Hubschrauber gefunden«, sagt er. »Und ein Boot kam und hat uns geholt. Aber wir kennen alle diese Geschichte, Bill. Wie zum Teufel hast du überlebt? Fang ganz vorne an. Nein ... lass es aus, erzähl gleich von dem Hai!«

»Woher weißt du davon?«

»Die Krankenschwester hat mir von deinem Fuß erzählt.«

Aber ich weiß nicht, wie ich anfangen soll.

»Ich bin kein Held, ich hatte Hilfe. Sehr viel sogar.«

»Dir hat jemand geholfen, den Hai zu töten?« Wilko zieht die Augenbrauen hoch.

Wieder denke ich an den Wal und an die Schildkröte, die wir töten mussten, damit wir leben konnten. An unsere Möwe und die Fische, die Kokosnüsse und das Feuerholz. Und an Aya.

»Ja. Ich hatte die ganze Zeit Hilfe.«

Ich weiß, dass er ein Geheimnis wahren kann. Ich habe nicht das Gefühl, als würde ich meinen Schwur brechen. Also erzähle ich ihm von Aya.

Er hört zu, hört *wirklich* zu, ganz bis zum Schluss.

»Sie ist zu ihren Leuten zurückgegangen, um gegen diesen Warlord zu kämpfen?«

»Ich weiß nicht. Ich wurde allein gefunden, oder? Ich weiß nicht mal, ob sie noch lebt.«

»Weißt du, wo ihre Leute gelebt haben, wo sie hin sind, irgendwas?«

»Sie hat mir nicht viel von sich erzählt. Nur Geschichten.«

»Geschichten?«

»Aus *Tausendundeiner Nacht*. Nur, dass sie eigentlich gar nicht aus dem Buch waren. Es waren ihre eigenen Geschichten.«

»Du meinst, es waren Märchen?«

Ich lächele vor mich hin. »Ja, so ungefähr.«

»Weißt du ...« Er zögert. »Es gibt keine Insel«, sagt Wilko, »auf keiner einzigen Karte, die ich gesehen habe.«

»Macht Sinn. Es hat sich nicht wie ein Ort angefühlt, der auf einer Karte verzeichnet wäre.«

»Was meinst du damit?«

»Ich weiß nicht genau.«

Eine peinliche Stille entsteht.

»Also, nächstes Jahr die Challenge?«, sage ich.

»Du machst Witze, oder?«

»Ja.«

Wir reden noch ein bisschen. Er fragt nach Einzelheiten. Nach dem ganzen chaotischen, verfluchten, schmerzhaften Kram. Aber ich rede mich damit heraus, dass ich das alles nicht noch einmal durchleben will.

»Verstehe, ich sollte gehen, damit du dich ausruhen kannst.«

»Komm wieder«, sage ich. Und ich meine es so, und ich weiß, dass er es weiß; dass es nicht einfach nur so dahingesagt ist.

Eine Krankenschwester kommt und bietet uns Tee an.

»Bleib noch«, sage ich.

»Klar, und du musst mir nichts erzählen, worüber du nicht reden möchtest.« Und ich weiß jetzt, dass er versteht, besser als Dad oder Mum oder Dr. Jones.

Die Krankenschwester bringt uns Tee. Ich schlürfe meinen.

»Ich glaube, ich werde immer dort sein«, sage ich. »Immer auf dem Boot. Selbst wenn ich es könnte, wüsste ich nicht, ob ich es verlassen würde.«

Die Krankenschwester sieht auf die Uhr.

»Ich glaube, dass unser Patient nach dem Tee ein bisschen Ruhe braucht.«

Wilko sieht besorgt aus.

»Hast einen Teil von dir auf diesem Boot gelassen, nicht wahr?«, sagt er und stupst mich sanft gegen die Schulter. »Lass ihn dort, Kumpel. Es ist ja nicht so, als müsstest du jemals dorthin zurück.«

4

Mein Fuß ist gut genug verheilt, um es mit Aquatherapie zu versuchen. Ich bin begierig darauf. Nicht bloß, um kräftiger zu werden. Ich will einfach nicht mehr länger im Bett liegen.

Wir gehen in einen anderen Teil des Krankenhauses. Dort gibt es ein langes Schwimmbecken, etwa einen Meter breit. Es hat ein Geländer und eine Schräge, die ins Wasser runterführt.

Ich bekomme eine Badehose und mir wird der Weg zur Umkleide gezeigt. Als ich zurückkomme, erwartet mich Dr. Jones mit einer Art Fernbedienung in der Hand.

»Du steigst ins Wasser, Bill, und gehst, und wir machen den Strudel an, damit du die Strömung überwinden musst. Das wird deine Muskeln stärken.«

Ich gehorche. Das Wasser ist warm und klar.

»Bleib da stehen«, sagt Dr. Jones, als ich etwa ein Viertel des Wegs gegangen bin. Sie fummelt an der Fernbedienung herum. Aus Düsen blubbern Blasen.

Ich atme schnell. Die Blasen fühlen sich nicht gut an. Es ist, als sei dort etwas im Wasser. Etwas unter der Oberfläche. Ich packe das Geländer und klammere mich daran.

»Alles okay?«, fragt Dr. Jones.

»Ja, es hat mich nur überrascht«, murmele ich. Mich ans Geländer klammernd, wate ich durch die Gischt. Das Summen ist laut und wird immer lauter. Mir ist heiß und ich fühle mich benommen. Ich kämpfe mich durchs Wasser. Ich sehe die Insel.

Sie ist mein Ziel und ich muss sie erreichen. Es fällt mir mit jedem Schritt schwerer, aber es ist nicht der Druck aus den Düsen. Meine Beine fühlen sich an wie Blei. Ich kann meine Füße nicht sehen.

»Aus, aus!« Panisch versuche ich, aus dem Becken zu kommen, die Hände am Geländer, so schnell es nur geht.

Dr. Jones eilt auf mich zu. Ich packe sie am Arm und ziehe mich an ihr heraus, kralle meine Finger in ihre Schulter.

»Autsch! Bill, Bill! Es ist okay, es ist okay.«

Ich werfe einen Blick zurück in das schäumende Wasser, suche nach etwas, das da nicht ist. Ich beruhige mich erst, als die Anlage ausgeschaltet und das Wasser wieder klar ist.

Ich habe einen Albtraum.

Stephans Leichnam gerät ins Rutschen, gleitet durch den Strom. Seine äußere Hülle im sprudelnden Wasser.

Die entsetzliche Stille, nachdem er verschwunden ist. Ich sehe zu, warte, dass sich seine Hand aus dem Wasser hebt. Doch das tut sie nicht.

Dann wache ich auf.

Es ist noch nicht mal ein Albtraum. Es ist eine Erinnerung.

5

Zwei Tage später geht es mir gut genug, um das Krankenhaus zu verlassen.

Dad möchte mit mir mittagessen gehen, bevor wir nach Hause
fahren.

Vorher dusche ich. Ich sehe in den Spiegel. Trotz aller Vi-
tamine und Mineralien, die sie durch Tropf und Schläuche in
mich reingepumpt, und trotz all des Essens, das sie in mich
reingestopft haben, wiege ich immer noch weniger als vor meinem Abflug auf die Kanaren.

Wie habe ich bloß ausgesehen, als sie mich gefunden haben?
Das macht mir Angst.

Ich denke an früher, an den, der ich war, bevor die *Pandora*
in den Sturm geraten ist. Aber ich kann das »Ich« nicht wieder-
erkennen, das aus dem Flugzeug gestolpert ist, geblinzelt und
sein Gesicht vor der Sonne versteckt hat. Viel von ihm habe ich
ganz vergessen.

Meine Haut ist schmutzig braun. Nicht wie Sonnenbräune,
eher wie Leder. Vom Hautton her sehe ich eher wie ein Marokkaner als wie ein Engländer aus. Ein großes Stück meines Fu-
ßes ist weg. Ich sehe es zum ersten Mal frisch im Spiegel. Da,
wo ich einmal Zehen hatte, haben sie die Haut drübergezogen
und zusammengenäht. Bald kriege ich neue Zehen, aus Plastik. Meine Muskeln sind straff wie Draht. Über einem Auge
habe ich ein Pflaster. Das andere leuchtet hellgrün.

Ich denke an Thiyya und den Dschinn und die Männer, die

versucht haben, ihn zu besiegen. Wie diese sogenannten Helden bin ich halb blind, halb verkrüppelt, halb in den Wahnsinn getrieben.

≋

Das Restaurant ist nett. Glänzender schwarzer Marmorfußboden, weiße Tischdecken und funkelnde Gläser.

In der Wand ein Aquarium. Ich erkenne die Fische: orange wie die Sonne, blau wie der Himmel. Sie schwimmen im Kreis, in ein Plastikriff hinein und wieder heraus. Sie sind langsamer als in der Wildnis. Hier gibt es keine größeren Fische, die sie jagen.

Die Leute starren mich an. Ich starre zurück.

»Worauf hast du Lust?«, sagt Dad. »Es gibt Steaks und exquisite Burger. Ich wette, die hast du vermisst?«

»Nein, danke.«

»Du musst doch ganz scharf auf was Ordentliches sein nach dem ganzen Krankenhausessen.«

Ich überfliege die Speisekarte. »Ich nehme Meeresfrüchte. Garnelen.«

Dad versucht, eine Unterhaltung in Gang zu bringen. Aber er drängt mich nicht, er ist so vorsichtig, als wäre ich eine Bombe, für deren Entschärfung er Hilfe braucht.

Ein Teller mit Riesengarnelen wird gebracht. Große rosa Kreaturen, gegrillt in Öl und Knoblauch. Mir läuft das Wasser im Mund zusammen.

Ich nehme eine und drehe ihr den Kopf ab, dann sauge ich das Gehirn und den Saft aus. Danach nehme ich den Schädel in den Mund und kaue und lutsche, um nichts zu vergeuden, und nehme mir den Körper vor.

Erst nach zwei Garnelen fällt mir auf, dass Dad mich anstarrt.

»Du hast, ähm ...« Er lächelt und tippt sich ans Kinn und zieht die Augenbrauen hoch, um mir zu bedeuten, dass mir der Saft übers Kinn läuft. Ölige Tropfen sind auf mein schönes neues Hemd gespritzt.

»Oh, äh, ups.«

An einem Tisch in der Nähe sitzt eine vierköpfige Familie, die mir beim Essen zugesehen hat. Sie haben die Hälfte übrig gelassen und legen Messer und Gabeln ordentlich auf die Teller. Kellner kommen und räumen ihr Essen ab.

Ich sehe zu, wie ein gegrillter Fisch und ein nicht ganz aufgegessener Hummer auf einem Teller zusammengeschoben werden, damit das Geschirr für den Kellner leichter zu tragen ist.

»Bill«, flüstert Dad und tritt mich sachte vors Bein. »Du starrst.«

»Sie sollten das essen. Sie sollten das aufessen.«

»Menschen essen so viel oder so wenig, wie sie wollen«, sagt er sanft. »Erinnerst du dich an Restaurants?«, neckt er mich.

»Tut mir leid, Dad.«

»Ist schon okay, Sohn. Ist schon okay.«

»Es ist nur ...« Meine Stimme bebt und meine Hände zittern. »Ich gehöre nicht hierher.« Ich zeige auf die Wand mit dem Aquarium. »Das ist nicht echt, Dad. Nichts davon ist echt.«

Ich spüre den Drang, einen Stuhl in das Aquarium zu schmettern. Und ich weiß nicht, warum. Ich muss wie ein verwöhnter, egoistischer Teenager klingen. Bestimmt wirke ich völlig verrückt. Die Familie am Nebentisch starrt mich jetzt richtig an. Ich lache laut; die Familie sieht woanders hin.

Dad nimmt meine Hand.

»Du musst dich für gar nichts entschuldigen. Du hast so viel durchgemacht. Ich weiß, dass du nicht reden willst. Weder mit mir noch mit Mum, und das ist in Ordnung. Aber mit *irgend-jemanden* könntest du reden, wenn wir zu Hause sind. Hm, was denkst du?« Er zuckt. Er hat Angst, wie ich auf den Vorschlag reagiere.

»Klar. Das sollte ich. Jeder, der nach so was noch normal ist, wäre verrückt, oder?«

Er lächelt und nickt. »Okay. Aber das hat Zeit. Alles hat so lange Zeit, bis du bereit dafür bist. Freunde treffen. Fernse-hen gucken. Mit Benji rausgehen. Du kannst alles haben. Du kannst alles tun. Was immer du willst …«

Er redet weiter, plappert von Dingen, die ich nicht begreife.

»Bill.« Dad wedelt mit der Hand vor meinem Gesicht herum.

»Ja.«

»Du bist ganz woanders mit deinen Gedanken. Hast du mir zugehört? … Bill? … *Bill*?«

»Ich kann das nicht, Dad. Ich kann nur eins, jetzt, wo ich draußen bin.«

»Okay, fantastisch! Was denn?«

»Ich gehe zurück.«

»Wohin?«

»Dahin, wo ich gefunden wurde. Ich muss sie finden.«

»Wen?«

»Ich war nicht allein da draußen, Dad. Da war dieses Mäd-chen und ohne sie wäre ich tot!«

Er sitzt mit offenem Mund da. Ich rede. Er hört zu.

Es gibt eine lange Pause, in der er verdaut, was ich erzählt habe.

»Du hast ein Leben, Bill. Hier in England. Ich bin nicht sicher, ob du einfach so nach Afrika gehen und irgendein Mädchen suchen kannst. Und dieser Ort, wo du gefunden wurdest. Er liegt am Rand eines ziemlich gefährlichen Gebiets.«

»Sie hat mich gerettet, Dad. Ich muss wissen, ob es ihr gut geht. Ich kann sie nicht einfach ... zurücklassen.«

»Aber sie hat dich zurückgelassen, oder? Zumindest sieht es sehr danach aus. Du warst allein, als du gefunden wurdest.«

»Ja. Ich habe darüber nachgedacht. Es ergibt keinen Sinn. Sie würde so was nicht tun.«

»Bist du dir da ganz sicher?«

Ich überlege: *Warum hat sie mich zurückgelassen? Will sie, dass ich sie finde? Haben wir überhaupt dieselbe Geschichte erlebt?*

»Ja. Ja. Ich bin mir sicher«, sage ich. »Ich muss wissen, was mit ihr geschehen ist. Ich muss sie finden.«

»Wirklich?«

»Ja, wirklich. Und sie ist nicht ›irgendein Mädchen‹. Sie heißt Aya.«

4

Ich glaube, ich kann Wilko überzeugen. Er hat da jede Menge Segeltouren gemacht. Das hat er uns auf der *Pandora* erzählt. In dem Teil von Marokko kennt er sich aus«, sage ich auf der Heimfahrt im Auto.

»Wir lassen dich auf keinen Fall ohne uns gehen. Oder ohne mich. Wir haben dich ein Mal verloren. Noch mal lasse ich das nicht zu. Warum führe ich überhaupt dieses Gespräch? Das ist doch verrückt«, sagt Dad.

»Ich müsste nur in das Dorf, wo ich gefunden wurde. Es liegt meilenweit weg von jeder Gefahr.«

Stimmt das? Ich habe keinen blassen Schimmer. Ich vermische mühelos Wahrheit und Lüge.

»Und was soll das bringen? Dort wird sie nicht sein, oder? Die Chance, sie zu finden, ist winzig. Bill, es wäre, als würdest du eine Nadel im Heuhaufen suchen. Und selbst wenn ich Ja sagen sollte, deine Mum lässt dich nicht gehen.«

»Ich würde es ihr nicht sofort sagen, ich würde ein bisschen warten, bis ich wieder besser sehen und laufen kann. Wilko kennt die Gegend gut, sag ihr das.«

Ich muss es einfach tun. Mum wird mir bestimmt zuhören. Ich werde alles dafür tun. Ich kenne meinen Text.

Ich bin sechzehn. Du kannst mich nicht aufhalten. Nicht auf legalem Weg. Ich habe das Geld, das Oma mir hinterlassen hat. Ich gehe.

Aber das ist gar nicht nötig. Mum behagt mein Plan nicht,

aber sie kann mich lesen. Sie kennt mich. Und sie weiß, wie sehr ich mich verändert habe. Vorher hätte sie mich vielleicht umstimmen können, aber jetzt nicht mehr. Sie muss es akzeptieren und sie weiß es. Mehr noch, sie versteht es, wie Dad es nie könnte.

Ich erkläre ihr, was wir bereits Dutzende von Malen durchgegangen sind. Dass Wilko kein Irrer ist, dass er alles versucht hat, um uns zu retten.

»Okay«, sagt Mum. »Du willst wissen, was passiert ist. Du willst wissen, wo sie jetzt ist, ob sie noch lebt. Okay, dein Dad müsste mitkommen. Und Wilko.«

»Lucy?«, sagt Dad. »Bist du sicher?«

»Er will es zu Ende bringen, John. Unser Sohn wird keine Ruhe finden, bis er weiß, was geschehen ist. Ich glaube, es geht nicht allein um das Mädchen, auch wenn sie wichtig ist. Bill, du willst herausfinden, was mit dir passiert ist, nicht wahr?«

»Ja«, sage ich. Und es stimmt. Vom Sonnendämon bis zum Aufwachen im Krankenhaus. Da ist eine Leerstelle in meinem Kopf, die ich füllen will.

Ich rufe Wilko an. Er zögert nicht.

»Natürlich, wenn deine Eltern einverstanden sind. Ich kenne die Gegend. Ich spreche gut Französisch, auch ein bisschen Arabisch. Aber ich werde nicht von deiner Seite weichen! Noch mal verlieren wir dich nicht.«

»Genau. Das hat Dad auch gesagt.«

DIE STRAßE DER KNOCHEN

1

Wilko kennt Marokko und einen großen Teil seiner Küste, aber den Ort, an den wir gehen, kennt er nicht. Offiziell gehört er auch gar nicht zu Marokko. Er liegt am Rand eines »umkämpften Gebiets«, weit im Süden.

Wir haben den Namen des Dorfs, in dem der Fischer lebt, und wir kennen seinen Namen, Mohamed. Aber das ist dann auch schon alles.

Wir fliegen nach Agadir und steigen in einem Hotel ab. Wilko und Dad organisieren ein Taxi samt Fahrer. Früh am nächsten Morgen machen wir uns auf den Weg.

Agadir ist cool und modern, gar nicht, wie ich mir Marokko vorgestellt hatte. Überall gibt es Hotels und Eiscafés

Es wirkt nicht realer als das Krankenhaus, das Restaurant, England. Aber die Geräusche der Stadt sind andere. Die Gebäude sind schlicht: braune und hellrosa Mauern und Blöcke aus Beton. Viele von ihnen sind nur halb fertig. Die Straßenschilder sind auf Arabisch und Englisch und manchmal auch in der Berbersprache geschrieben.

Je höher die Sonne steigt, desto schlimmer werden Hitze und Staub.

Das Taxi ist ein alter Mercedes mit Ledersitzen und ohne Klimaanlage. Ich merke, dass ich die Hitze mag. Es tut gut, wieder zu schwitzen. Wir lassen die Fenster offen.

Wir fahren durch eine lange Reihe von Dörfern. Männer mit Gewändern oder Jeans und Kappen sitzen vor Cafés, rauchen Wasserpfeifen und schlürfen Tee. Die Dörfer wirken friedlich, doch auf der Straße geht es manchmal hektisch zu. Aufjaulende, hupende Autos, ein Moped mit Mutter, Vater und Kind, Lastwagen voller Früchte und sogar Ziegen. Manche befördern ganze Frauengruppen in bunten Kleidern. Sie winken und kichern, wenn sie Wilko sehen.

Dann sind wir raus aus den Dörfern und folgen einer Asphaltstraße an der Küste entlang. Links von uns Büsche und von Steinmauern begrenzte kleine Felder. Im Dunst der Ferne kann ich Berge sehen. Hitze, Staub, die Meeresbrise: Sie vermischen sich zu etwas, das ich atmen kann.

Große Wellen donnern an die Küste. Wir fahren an Fischerdörfern aus weißen Häusern und himmelblauen Booten vorbei. Die Straße ist gerade und endlos. Wolken aus Sand ziehen über sie hinweg. Rechts von uns funkelt prachtvoll das Meer.

»Es ist wunderschön«, sagt Dad. »Wie fühlst es sich an, das Meer wiederzusehen?«

»Komisch. Schon irgendwie gut. Es war unser Zuhause.« Aber ich denke an die Tage von Hitze und Durst. Und ich weiß nicht, was ich fühle.

Büsche, Sand und Fischerdörfer. Über Meilen und Stunden. Dann riesige Dünen. Hügel und Berge aus Sand. Teils ist auch die Straße damit bedeckt und der Wagen hat zu kämpfen.

Am Nachmittag endet der Asphalt und wir setzen unseren Weg auf einer holprigen älteren Straße fort.

Der Fahrer murrt, aber Wilko und Dad drängen ihn, weiterzufahren.

Dann erreichen wir eine Straßensperre. Eine kleine Hütte mit zwei Polizisten und einem Soldaten, dem ein Gewehr über die Schulter hängt. Der Fahrer steigt aus, um zu rauchen und mit den Polizisten zu reden. Er wird lebhaft, er wedelt mit seiner Zigarette und spricht laut. Dad hat ihm eine Menge Geld geboten, wenn er uns in das Dorf bringen kann, wo der Fischer mich gefunden hat.

Einer der Polizisten hebt die Hand und schüttelt den Kopf. Der Fahrer senkt die Stimme und tritt zurück.

Dad sitzt neben mir auf dem Rücksitz und fächelt sich Luft zu. Er seufzt und rutscht auf der Bank herum.

»Ich rede mit ihm«, sagt er.

»Nein«, sagt Wilko. »Besser, ich erledige das. Wahrscheinlich sprechen sie kein Englisch. Aber Französisch wird gehen.«

Wilko steigt aus, um mit dem Verantwortlichen zu reden, dem mit dem Schnurbart.

Nach einer Minute kommt der andere Typ zum Wagen, nimmt die Kappe ab, beugt sich vor und steckt den Kopf durch das offene Fenster.

Er wedelt mit einem weiß behandschuhten Finger. »Nicht hier«, sagt der Polizist. »Keine Touristen hier.« Er betrachtet die Krücke und meinen Fuß.

»Wir müssen weiter«, sage ich.

»Nein. Es ... ist.« Er sucht nach den richtigen Worten. »Äh, viele Probleme hier.« Er deutet nach Süden. Dann: »Englisch?«

»Englisch.«

Der Polizist grinst. »Ah, ich habe Freund Englisch. Er lebt Ports-a-mouth. Ihr gewesen in Ports-a-mouth?«

Es kommt mir so abgefahren vor, ihn plötzlich so mit uns plaudern zu hören.

»Ihr Ferien Sidi-Ifni? Agadir?«

»Ja«, sagt Dad.

»Warum hier? Kein Tourist hier. Verstehen?«

Der andere Polizist tritt auf ihn zu. Sie reden. Sie klingen lebhaft, aufgeregt. Der Kopf taucht wieder auf.

»Du bist Junge«, kreischt er. »Junge in Boot?«

Wilko steigt ein. Die beiden Polizisten stecken ihre weiß behandschuhten Hände in den Wagen, damit wir sie schütteln.

»Sie bringen uns ins Dorf«, sagt Wilko.

Eine Stunde lang folgen wir ihrem Wagen. Wir verlassen die Hauptstraße, folgen Pisten, die kreuz und quer durch die Landschaft führen, bewegen uns vom Meer weg, dann nahe heran und wieder weg, schlängeln uns einen Pfad entlang, der hinab zur Küste führt.

Ich habe keine Ahnung, warum sie das machen. Wilko sagt, er hat sie nicht mal bezahlt. Dennoch bringen sie uns hin. Aus Nettigkeit oder Neugierde, damit wir in Sicherheit sind, oder einfach, damit wir nicht verloren gehen. Vielleicht von allem ein bisschen. Wir haben nur den Namen des Dorfs. Unser Glück, dass sie uns helfen.

Das Dorf ist eine Ansammlung weißgewaschener Würfel, ein paar davon mit Wellblechdächern. Plastiktüten wehen über die Sandwege. Überall liegen Dosen und Zigarettenstummel herum.

Zwei magere Hunde folgen bellend unserem dahinholpernden Auto.

Da ist eine kleine leuchtende Moschee mit elegant geschwungenen Türmchen und Bögen. Ein Laden mit einem Tisch vor der Tür, schwer beladen mit Bananen und Broten. Doch der Ort wirkt wie eine Geisterstadt.

Als wir das Meer erreichen, halten wir an. Am Strand liegt ein gutes Dutzend gelb und blau angemalter Boote voller Netze und Reusen. Ein Felsenfinger schützt die Bucht und bildet einen natürlichen Hafen; dahinter brechen sich die Wellen. Wo aber sind die Menschen, die hier wohnen?

Doch dann tauchen sie auf. Männer in fließenden Gewändern, andere eher im westlichen Stil, mit Kappen, Westen und kurzen Hosen. Viele von ihnen rauchen. Da sind auch ein paar Frauen und eine Schar schmuddeliger Kinder.

Die Erwachsenen starren und starren. Sie lächeln nicht, es wirkt nicht freundlich. Aber die Kinder zeigen auf uns und lachen und reden laut. Sie fragen nach Stiften, und seltsamerweise, weil er gewusst haben muss, dass wir danach gefragt würden, hat Wilko eine Handvoll in seiner Tasche. Die Kinder sind begeistert.

Ich steige mit etwas Hilfe aus dem Taxi und stehe auf meine Krücke gestützt einfach da.

»Salam[21]«, sage ich. Ich erinnere mich an die Worte, die Aya mir beigebracht hat. »Manzakine. Neck ghih Bill.[22]«

Plötzlich großes Gerede. Die Dorfbewohner stellen den Polizisten viele Fragen.

Wir werden zu einem Café gebeten und setzen uns in der Dunkelheit an einen Plastiktisch.

[21] *Friede sei mit euch.*
[22] *Hallo. Meine Name ist Bill.*

Frauen erscheinen mit einem Tablett, darauf kleine Gläser und ein hohes, gewölbtes Gefäß aus Metall. Ein Mann gießt Tee ein. Dann gießt er den ganzen Tee wieder zurück in das Gefäß. Er wiederholt das drei Mal, bevor wir trinken dürfen. Der Tee ist heiß und süß und schmeckt nach Minze.

Man reicht uns Fladenbrot und Krapfen. Wir verursachen einen großen Wirbel, die Zahl der Leute wächst schnell. Das halbe Dorf scheint jetzt im Café zu sein, die andere Hälfte steht draußen. Hunde liegen in der offenen Tür.

Draußen entsteht ein Tumult. Ein Mann sagt: »Der Mann, der dich gefunden hat. Er kommt.«

Die Menge teilt sich, macht Platz, und der Mann, der mein Leben gerettet hat, kommt durch die Tür zu unserem Tisch. Er ist spindeldürr, hat ein zerknittertes Gesicht, schiefe Zähne und große, freundliche Augen.

Wir schütteln Hände. Ich habe ihn noch nie gesehen, er mich aber natürlich schon.

Ich glaube nicht, dass ich »Danke« sagen kann, ohne dass es mir die Kehle zuschnürt. Er sagt etwas zu den Polizisten, dann zu mir. Er lacht und all die anderen Marokkaner lachen mit ihm. Der Polizist mit dem großen Schnurbart übersetzt.

»Sein Name ist Mohamed. Der Mann sagt, ist sehr froh zu sehen dich. Er sagt, wenn sie dich bringen nach Agadir, er glaubt, du stirbst! Er ist froh, wenn er sieht in Nachrichten, du lebst.«

»Können Sie ihn fragen, was passiert ist?«

Mohamed setzt sich an den Tisch, holt eine Zigarette aus der Tasche und zündet sie an. Die Menge beugt sich vor. Das ärgert den Polizisten, der sie zurückscheucht. Übrig bleiben ein Polizist, Wilko, Dad, Mohamed und ich.

Ich atme flach und mir ist schwindelig. Ich will Bescheid wissen, aber ich habe auch Angst. Die ganze Fahrt hierher habe ich mich vor seinen Worten gefürchtet. Ich habe sie mir ausgemalt.

Das Mädchen war tot.

Mohamed redet etwa eine Minute. Der Schnurrbart-Mann nickt, hebt dann die Hand, um ihn zu unterbrechen.

»Er sah Boot nahe einer Insel, aber Insel unter Wasser, du verstehst? Weit draußen viele Meilen.«

»Ein Riff?«, vermutet Wilko.

»Er gehen Falle für Hummer zu sehen. Er sieht Boot in Ferne. Er findet dich und glaubt, du tot ...«

»Was hat er gefunden?« Ich schreie fast.

»Was meinen?«

»Was genau hat er gefunden?«

Der Fischer spricht mich direkt an. Der Polizist übersetzt. »Er findet Boot und er findet dich. Ist alles.«

Ich breche zusammen. Ich falle durch den Stuhl. Ich ertrinke. Das ist nicht möglich.

»Hast du *irgendwas* anderes gesehen, Mohamed? Da draußen. Irgendwas.«

»Bist du okay, Bill?«, fragt Dad.

Er legt den Arm um mich, aber ich schiebe ihn weg und bette den Kopf in die Hände.

Sie starren mich an, als sei ich ein Irrer. Ich habe mein Glas umgeworfen, den Tee über den Tisch gekippt. Eine Frau wischt ihn auf.

Wilko legt die Hand auf meine andere Schulter.

»Du verstehst nicht«, sage ich zu Mohamed. »War da irgendwas? Irgend*wer*?«

Der Polizist spricht für Mohamed. »Er sagt, du wollen Antworten. Er weiß das. Er sagt, er dir zeigen Boot. Vielleicht Boot gibt dir Antwort.«

Er hält inne, Mohamed spricht langsam, leise. Der Polizist sieht verwirrt aus, als er sich umdreht, um zu übersetzen.

Mohamed lächelt, zieht mit einer winzigen, schnellen Bewegung die Augenbrauen hoch und nickt ganz kurz. Es ist ein Zeichen, nur für mich.

Dann sagt Mohamed:

»*Tanirt* ... hat ... Ge-heim-nisse.«

2

Das Boot liegt in einem kleinen Schuppen.
Jetzt sind es nur noch Mohamed und ich. Wilko und Dad
bleiben bei der Polizei.

Das Boot liegt auf der Seite. Irgendwie wirkt es jetzt kleiner.
Kein gebrochener Mast, keine Kokosnüsse. Nur die Schrift an
der Seite sagt mir, dass es *Tanirt* ist.

Ich lächele und sage in Gedanken: *Danke fürs Nachhause-
bringen.*

»Ich nehme Boot. Bisschen fischen«, sagt Mohamed ent-
schuldigend.

»Du sprichst Englisch?«, sage ich.

»Bisschen«, antwortet er.

Mohamed späht aus der Tür, um sicherzugehen, dass wir
alleine sind. Er spricht langsam und gebrochen.

»Mädchen. Sagt Geheimnis bewahren.«

Ich hole Luft. »Sie lebt?«

Mohamed lächelt und nickt.

Wellen der Freude. Ich umarme ihn. Ich spüre, wie die Last
von mir abfällt.

Er gibt ein krächzendes Lachen von sich und küsst meine
Wangen.

»Wo ist sie?«

Er zuckt mit den Schultern. »Aya gehen. Viele Tage.« Er zeigt
nach draußen, wedelt mit der Hand.

»Weit?«

»Ja.« Er nickt. »Weit.«

Ich hinke zum Boot. Befreit von all dem, was wir darin hatten, ist schwer zu begreifen, wie es ein Geheimnis bergen kann. Ich drehe mich zu Mohamed um und zucke mit den Schultern.

Er deutet auf den Stauraum, stößt mit dem Finger in die Luft. Was immer zwischen Mohamed und Aya gewesen ist, eines weiß ich: Sie vertraut ihm.

Ich klettere über die Bordkante – ein stechender Schmerz schießt durch meinen Fuß – und robbte mich zum hinteren Teil durch. Ich hole Luft und öffne den Stauraum, beuge mich nach unten und spähe hinein. Er ist leer.

Wieder sehe ich Mohamed an. Er starrt zurück.

Ich richte meine Aufmerksamkeit auf den Stauraum und anstatt hineinzusehen, schiebe ich tastend die Hand hinein. Die Kanten und Ecken sind glatt, aber zwischen Wand und Decke spüre ich einen winzigen Spalt.

»Hast du ein Messer, Mohamed?« Ich gestikuliere, als würde ich schneiden.

Er findet eins. Die Klinge gleitet in den Spalt und die Wand des Frachtraums lässt sich ohne Weiteres öffnen.

Dahinter liegen das Notizbuch und ein Päckchen, eingewickelt in ein paar herausgerissene Seiten. Vorsichtig falte ich das Papier auseinander. Darin liegen zwei winzige Diamanten. Selbst im schwachen Licht des Bootsschuppens leuchten sie wie Sterne. Morgen und Abend.

Und da ist noch etwas.

Es hat die Größe eines Fingernagels, ist gebogen wie eine Flosse, mit zackigen Rändern wie eine Säge. Ein Haizahn.

Das Papier hat sie mit gewundenen Linien und Punkten und Bögen aus Tinte beschrieben, in ihrer Sprache.

Es ist, als wäre sie jetzt das Papier und hier bei mir. Als würde sie jetzt in ihrer Sprache mit mir reden. Aber ich weiß nicht, was sie mir sagt.

≋

Die Polizisten verschwinden. Das Taxi auch. Wir bleiben, weil ich darauf bestehe. Im Café essen wir eine Tajine. In Mohameds Haus zeigt man uns unsere Betten.

Dad bedankt sich bei Mohamed und seiner Frau für die Gastfreundschaft, aber ich kann an nichts anderes denken als an das, was Aya mir geschrieben hat.

Wir sitzen auf Mohameds Terrasse mit Blick auf das Meer.

Es gibt einen Plan. Mohamed spricht Französisch. Er wird die Berbersprache für Wilko übersetzen, der sie dann ins Englische überträgt. Doch vorher, bevor ich ihre Worte höre, will ich wissen, was passiert ist. Es ist seltsam, aber ich muss mich auf ihren Brief vorbereiten. Ich muss mich in unsere Welt zurückversetzen.

Mohamed spricht mit Wilko auf Französisch (das er, soweit ich das beurteilen kann, gut spricht) und Wilko spricht mit mir.

Ich erinnere mich nicht an jedes einzelne Wort. Ich ziehe Linien zwischen den Sternen. Aber das ist mehr oder weniger die Geschichte, die sie erzählen.

DER FISCHER

Mohamed legte vor Sonnenaufgang ab, allein.
Das Boot war alt. Ein paar Wochen würde es noch halten, ein paar Monate nicht. Geld für ein neues hatte er nicht. Er brauchte Glück. Er brauchte einen guten Fang und das sehr bald, sonst würde das Boot doch noch Monate halten *müssen.* Und dafür würde er eine andere Sorte Glück brauchen.

Er betete für prall gefüllte Netze.

Er wusste, dass das Meer geben, aber auch, dass es nichts geben konnte. Und dass es nahm. Wie es seinen Vater genommen hatte, der bei Wind und Wellen aufgebrochen war, als niemand sonst aufbrechen wollte. Nicht, weil er so mutig war, sondern weil er keine Wahl hatte. Mohameds Vater war an jenem Tag gestorben. Mohamed wollte nicht, dass dies auch sein Schicksal war.

Mohamed dankte Allah, dass wenigstens der Sturm noch nicht begonnen hatte. Es würde tagelang stürmen, wie zuletzt vor ein paar Wochen. Schlimmer vielleicht. Aber noch war es nicht so weit.

Noch hatte er seine Reusen auf dem Riff setzen können, das nur wenige Fischer kannten. Viele Meilen von der Küste entfernt. Wenn der Motor ausfiel oder das Leck schlimmer wurde, würde das sein Ende sein. Das Risiko war groß, aber wenn das Meer gab, gab es reichlich. Und wenn der Sturm käme, würde er nicht mehr fischen können, also musste er jetzt Geld verdienen.

Als er das Riff nach ein paar Stunden erreicht hatte, fand er seine Reusen leer. Er verfluchte sie und sich selbst für seine Hoffnung. Und wollte Allah schon fragen, warum er Mohamed so quälen müsse. Aber er tat es nicht. Was sollte das schon nützen? Was konnte er jetzt tun? Die Reusen wieder setzen. Zurückfahren und wiederkommen, wenn das Wetter es erlaubte.

Auf die Entfernung sah der Punkt wie ein Sandkorn aus. Zunächst hielt er ihn für eine alte Tonne. Er überlegte, sie sich anzusehen, aber das würde Treibstoff vergeuden. Er saß eine Weile da und rauchte eine Zigarette.

Hoch oben sah er einen Vogel. Und runzelte die Stirn, denn der Vogel war allein und weit von der Küste entfernt. Der Vogel schoss herab und landete auf dem Motor. Die Möwe krächzte ihn an.

Vögel folgten ihm oft, tauchten nach weggeworfenen Resten und kleinen Fischen. Aber nur selten landeten sie auf dem Boot. Dieser Vogel war mutig.

»Heute kein Fisch, Vogel. Kein Hummer. Nicht für mich, nicht für dich und ...«

Etwas war an das Vogelbein gebunden. Ein Stück Stoff.

Der Vogel flog auf, kreiste, kam wieder zurück und hockte sich auf den Bug. Noch einmal krächzte er.

Deshalb war er gekommen. Er konnte nicht richtig fliegen mit dem Ding am Bein. Und jetzt sah Mohamed auch, wie zerrupft der Vogel war, wie dünn. Er überlegte, den Stoff abzuschneiden, wusste aber, wie boshaft Vögel sein konnten. Wenn er in seine Nähe kam, würde der Vogel nach ihm hacken. Aber der Vogel flog nicht weg und blieb auch sitzen, als er näher kam. Er drehte den Kopf, um ihn besser zu sehen.

Mohamed öffnete den Eimer mit den Ködern und gab der Möwe einen. Dann noch einen. Und noch einen. Dann schichtete er noch mehr Köder zu einem kleinen Haufen auf. Während der Vogel fraß, packte Mohamed – so schnell er konnte – das Bein, entfernte das Stück Stoff und befreite den Vogel. Die Möwe pickte nach ihm, aber nicht fest und auch nur ein einziges Mal, reckte den Kopf und starrte ihn an.

Der Stofffetzen war verknotet gewesen. Ein Mensch musste das getan haben. Aber warum? Der Stoff stammte von einem T-Shirt. Einem europäischen T-Shirt, wie es die Surfer trugen, mit ausländischer Schrift und einer Comic-Ente darauf.

Mohamed betrachtete das T-Shirt und den Punkt in der Ferne. Er war so weit von der Küste entfernt. Der Vogel musste von diesem Punkt gekommen sein.

Dann erinnerte er sich an die Geschichten von den Booten, die vor ein paar Wochen im Sturm gesunken waren. Einem Sturm, der aus dem Nichts gekommen war. Ein so überraschender Sturm, dass mancher behauptet hatte, er sei das Werk eines Dämons gewesen, so wie in den alten Geschichten. Er hatte von einem vermissten Jungen gehört. Einem europäischen Jungen.

Ob der Punkt ein Wrackteil war? Vielleicht etwas von Wert ... oder Nutzen ... Mohamed schätzte ab, wie spät es war und wie weit er von der Küste entfernt war. Er wusste nicht, ob er genug Treibstoff hatte. Wahrscheinlich, aber nicht sicher. Und ein Sturm zog auf. Es wäre vernünftig gewesen, sich auf den Heimweg zu machen.

Aber da war das T-Shirt. Und da war der Vogel. Und der Punkt, so groß wie ein Sandkorn. Mohamed blinzelte. Er war weit weg, es war schwer zu erkennen, aber könnte es ein Boot sein?

Er warf den Motor an. Er würde ein Stück näher heranfahren, bis er erkennen konnte, was es war, und dann würde er umdrehen.

Beim Näherkommen sah er, dass es ein Boot *war*. Kein Fischerboot, sondern klein und modern. Aber es hatte eine Art Mast und ein zerrissenes Segel, das aus einer Plane gemacht war. Und als er noch näher kam, erkannte er eine kleine Galionsfigur. Und auf dem Boot stand in Kinderschrift ein Wort. In der Berbersprache.

Tanirt. Engel.

Wieder dachte er an die Boote, die im Sturm gesunken waren. »Kleine Boote treiben nicht einfach so alleine auf dem Meer«, sagte er sich. Er rief: »*Salam*. Ist da jemand?« Aber niemand antwortete.

Jetzt stieg ihm auch ein Geruch in die Nase. Jetzt hatte er Angst davor, was er in dem Boot finden würde. Es stank nach Fäulnis und Krankheit. Der Geruch des Todes.

Er wendete das Boot. Er wollte nicht hinsehen. Am besten fuhr er nach Hause.

Aber der Vogel krächzte und flog zu dem anderen Boot hinüber und hockte sich auf den Bug.

»Komm, Vogel«, sagte er. »Wenn du hierbleibst, stirbst du vielleicht.«

Der Vogel krächzte und starrte und starrte und krächzte. Mohamed betrachtete ihn eine Weile und wusste tief in seinem Innern, dass er den Blick des Vogels nie mehr loswerden würde, wenn er nicht in das Boot sah. Natürlich war das verrückt, schließlich war es nur ein Vogel.

»Na gut, Vogel. Na gut.«

Mohamed fuhr mit seinem Boot langsam an das andere heran. Doch bevor er hineinsah, zog er sein Hemd aus, um Mund und Nase damit zu bedecken.

Das Mädchen war nicht mehr als Haut und Knochen. Der

Junge auch. Und sein Bein, sein Fuß. Mohamed unterdrückte einen Würgereiz.

Der ganze Rumpf war voller Blut. Wie lange mochten sie schon tot sein?

Doch das Mädchen öffnete ein Auge und hob die knochige Hand.

»*Aman*«, flüsterte sie.

Mohamed gab ihr Wasser.

Sie nahm die Flasche und trank ein bisschen. Dann erhob sie sich mit einer Kraftanstrengung, die beinahe unmöglich schien.

Er versuchte, ihr zu helfen.

»Nein«, sagte sie. Sie kniete sich neben den Jungen, hob seinen Kopf und goss ihm ein bisschen Wasser in den Mund. Seine Lippen öffneten sich kaum, aber seine Kehle bewegte sich und etwas von dem Wasser fand seinen Weg.

Die Augen des Jungen öffneten sich. Mohamed gab dem Mädchen seinen Couscous mit Fisch. Das Mädchen aß ein wenig, kaute langsam und bedächtig. Aber sie schluckte das Essen nicht hinunter. Sie beugte sich wieder über den Jungen und legte ihren Mund auf seinen. Sie hielt seinen Kiefer mit der Hand fest und drückte, sodass der Junge seinen Mund öffnen musste. Auf diese Weise fütterte sie ihn und mit ein wenig Wasser schluckte er das Essen auch.

Mohamed war schockiert von diesem Anblick. Ein Mädchen und ein europäischer Junge. So!

Er würde nie vergessen, wie das Mädchen den Jungen ansah. Wie sie mit den Händen über sein Haar strich. Und die Worte, die sie flüsterte.

»Lebe. Lang. Lebe. Stirb nicht. Lebe. Ich bitte dich.«

Mit den Fingern nahm sie sich mehr vom Couscous und schob sich einen Bissen in den Mund, den sie auch an den Jungen verfütterte.

Nach jedem Bissen träufelte sie Wasser auf seine Lippen.

Wieder und wieder fütterte sie ihn. Sie selbst nahm nichts vom Essen.

Mohamed weinte fast, als er es sah. Dieser Kuss des Lebens. Dieser Wille, der ihr Kraft gab. Ein Geist, der stärker war als ihr Körper. Stärker als der Junge.

Aber es machte ihn auch traurig. Weil er wusste, dass es zu spät war. Dass der Junge bald sterben würde.

Als kein Essen mehr übrig war, schlug er vor, den Jungen in sein Boot zu betten und an Land zu bringen. Aber das Mädchen sagte: »Wir können ihn nicht bewegen. Und wir lassen unser Boot nicht zurück. Wir lassen *Tanirt* nicht zurück. Du musst uns an Land rudern.«

»Du bist stur«, sagte er.

Aber das Mädchen blieb dabei.

Unterwegs sah er von Zeit zu Zeit hinter sich. Die ganze Fahrt über drückte sie den Kopf des Jungen zärtlich an sich, flüsterte ihm etwas zu und küsste seinen Kopf. Der Vogel saß auf dem Bug.

Es ging nur langsam voran. Sie erreichten die Küste, als das Gold des Tages im Meer versank.

Sobald Land in Sicht war, sagte das Mädchen, dass sie Mohamed einen Diamanten geben würde, wenn er niemandem von ihr erzähle. Er müsse schwören, sagte sie.

Er glaubte nicht an ihren Diamanten. Aber sie sagte, sie würde ihm den Stein zeigen.

Als sie einliefen, brachte er sie gleich in den Bootsschuppen.

Den halben Weg musste er sie tragen. Sie taumelte und fiel hin und sah die ganze Zeit zurück zum Boot. Dann schrie Mohamed und rief um Hilfe. Männer kamen. Sie trugen den Jungen zu einem Wagen. Sie würden zur Polizei gehen und dann würde der Junge ins Krankenhaus gebracht werden. Aber bis dahin waren es viele Kilometer, und Mohamed glaubte, der Junge wäre tot, bevor sie den Arzt erreichen würden. Aber das sagte er dem Mädchen nicht, als er in den Bootsschuppen zurückkehrte.

Sie gab ihm den Diamanten und bedankte sich bei ihm und fragte ihn, ob er sie verstecken könnte.

Er wusste nicht, was er von diesem seltsamen Mädchen halten sollte. Aber sie hatte ihm einen Diamanten gegeben, der so viel einbringen würde wie ein Jahr Arbeit. Mehr. Und sie versprach ihm noch einen Diamanten, wenn er sie bei sich ließ.

Also versteckte er sie in seinem Bootsschuppen. Er brachte ihr Brot und Milch. Und Fisch für den Vogel.

Er achtete darauf, dass sie langsam aß. Wenig und oft. Über die folgenden Tage brachte er ihr Käse, Eier, Tajine, Nüsse, Fisch. Sie aß alles.

Die Polizei kam und auch die Zeitungen und die Radioleute aus der Stadt. Der Junge lebte und war eine Nachricht wert. Mohamed musste viele Fragen beantworten und es gefiel ihm nicht, und er hatte keinen Spaß daran, im Zentrum der Aufmerksamkeit zu stehen. Aber er freute sich über den Diamanten und hielt das Versprechen, das er dem Mädchen gegeben hatte.

Er brachte ihr Essen und Kleidung und mit jedem Tag wurde sie ein wenig kräftiger.

Sie nahm ihm weitere Versprechen ab. Er durfte allein dem

Jungen von ihr erzählen, wenn er zurückkehrte. Und sie gab Mohamed die Nachricht.

Tanirt hat Geheimnisse.

Eines Morgens kam er mit Brot und Eiern. Das Mädchen und der Vogel waren fort.

3

Wohin?«, fragte ich.
Mohamed zeigte nach Osten. Er spricht Französisch, Wilko übersetzt.

»Über die Straße der Knochen. Um gegen den Herrn der Sonne zu kämpfen.«

Der Warlord. Der die Juwelen gestohlen hatte. Dem sie die Juwelen gestohlen hatte. Mohamed sagt, er ist nach einer alten Legende benannt.

Und das macht Sinn. Tief in mir drin wusste ich es schon.

»*Sahit*«, sage ich zu Mohamed. Danke.

Mohamed sagt etwas auf Französisch zu Wilko.

Er sagt: »Jetzt müssen wir die Nachricht übersetzen und ...« Er sieht aufs Meer.

»Was?«, sagte ich.

»Na ja, er sagt, es tut ihm leid, dass er und ich die Worte lesen müssen. Er sagt, sie seien privat, sie sind nur an dich gerichtet.«

Was wird drinstehen?, denke ich. *Wird mir der Brief verraten, wo du bist, Aya? Ist es eine Karte, um dich zu finden?*

»Es ist in Ordnung«, sage ich. Als sie anfangen, gehe – humpele – ich mit Dads Hilfe zum Meer. Der Wind ist abgeflaut, das Mondlicht bahnt sich einen Weg zum Horizont.

»Bist du okay, Sohn?«

»Ja. Was immer in dem Brief steht, ich weiß jetzt, dass sie lebt. Dass sie da draußen ist, irgendwo.«

266

Als ich zurückkomme, reicht Wilko mir das Notizbuch, in das er die Übersetzung ihres Briefs geschrieben hat.

Dad und Wilko und Mohamed lassen mich mit einer Sturmlampe zum Lesen zurück.

Aya spricht zu mir. Und ich muss mich nicht an ihre Geschichten erinnern oder meine eigenen Linien zwischen den Sternen ziehen, denn ich habe ihre Worte.

Und bevor ich überhaupt angefangen habe zu lesen, weiß ich schon, dass ich sie finden werde. Eines Tages.

Ich weiß, dass sie an einen Ort gegangen ist, an den ich ihr nicht folgen kann, und ich weiß, so wie ich Aya kenne, dass sie mir in ihren Worten genau das *sagen* wird. Aber ich schwöre es mir trotzdem.

Ich glaube, meine Geschenke werden dir gefallen.
Ein Diamant ist für Mohamed. Einer ist für dich. Der
Haizahn ist natürlich auch für dich. Ich habe ihn aus
deinem Fuß gezogen, als du im Boot lagst und die Sonne
angeschrien hast.
Du hast Tanirt gefunden, du hast das hier gefunden; und
ich denke, du kennst jetzt die Geschichte, wie wir an Land
gekommen sind.
Die Tage davor sind ein großes Durcheinander. Wir waren
dem Tod so nahe. Nicht nur du, wir beide. Ich konnte ihn
spüren, kalt und lauernd, überall um uns herum.
Viele Male dachte ich, du bist tot. Du hast gesprochen, als
hättest du den Verstand verloren, tagelang. Und dann hast
du von Dingen gesprochen, die nur die Sterbenden sehen.
Und dann – schlimmer – hast du nichts mehr gesagt. Und

obwohl deine Augen offen waren, hast du nichts mehr gesehen.

Am Ende musste ich dich zwingen, auch nur ein bisschen Wasser zu trinken.

Und ich habe geglaubt, dass du stirbst. Ich habe es gewusst. Und es hat mir das Herz gebrochen.

Ich wusste, dass ich dir bald folgen würde. Vielleicht eine Stunde oder einen Tag später, aber so würde es kommen.

Und ich hatte größere Angst als jemals zuvor. Nicht vor dem Tod. Ich hatte Angst, weil ich nicht allein sterben wollte. Verstehst du? Ich wollte nicht allein sterben.

Ich sah einen Vogel hoch über uns, und das bedeutete, dass in der Nähe Land war. Aber ich hoffte trotzdem nicht. Bis ich das Boot sah und die Möwe, unser Freund, hinflog und Mohamed uns fand. Dann wurdest du mir genommen. Und das war auch schwer. Fast so schwer, als wenn der Tod dich mir genommen hätte.

Ich weiß, dass du in England bist. Am Leben. Und das gibt mir viel Kraft.

Ich muss jetzt gehen, über die Straße der Knochen, um gegen den Herrn der Sonne zu kämpfen.

Niemand glaubt, dass ich zurückkehren werde. Niemand weiß, dass ich lebe. Und der Herr der Sonne, er ist schwach. »Ein Warlord schwach?«, wirst du fragen.

Ja, sage ich. Wie auch der König erst nach tausendundeiner Nacht erfuhr, ist ein Mann ohne Liebe in seinem Herzen schwach. Ich werde kommen, ein Schatten im Schatten.

Dies ist meine Geschichte und ich werde sie aufschreiben.

Und jetzt? Wie geht unsere Geschichte aus? Die Geschichte von dem Mädchen und dem Jungen und dem Meer.

Glaubst du, ich weiß es?

Mein Onkel hat einmal zu mir gesagt, dass alle, die einer Geschichte lauschen, Antworten wollen. Sie wollen ein Happy End und sie wollen die Antwort auf alle Fragen.

Aber er hat mir gesagt, dass auch Fragen bleiben müssen. Immer. Bei jeder Geschichte. Ich glaube, das stimmt. Nicht alles wird erklärt. Nicht alles wird erzählt.

Also, Bill, du siehst, ich kenne das Ende unserer Geschichte nicht. Noch nicht.

Ich weiß, dass Thiyya den Dschinn besiegt hat, Lunja den Sultan ausgetrickst, Scheherazade und Dinarzade sind in Sicherheit. Das Mädchen und der Junge haben das Meer überquert. Das Abenteuer ist vorbei.

Aber wir?

Ich weiß nicht, ob ich dich je wiedersehen werde. Ich weiß nicht, was mich auf der Straße der Knochen erwartet.

Ich weiß, dass unsere Welten so mächtig sind wie die Dschinns. Die Dschinns haben auch die Mauern gebaut, die uns voneinander trennen.

Aber erinnere dich, wie wir zusammen waren auf dem Meer. Denk manchmal an mich, wenn du zu Hause bist, in England und in Sicherheit.

Und das weiß ich:

Wir lebten in einem Land ohne Grenzen. Wir schliefen in einem Haus ohne Mauern. Wir sprachen unsere Gebete an einem Altar, der nicht mit Händen gebaut wurde.

Und ich weiß auch, dass ich dich liebe.

DANK

Als ich mit dem Schreiben anfing, war ich in dem naiven Glauben, die Worte auf dem Papier wären das Ergebnis einer gewaltigen einsamen Anstrengung. Schriftstellerinnen und Schriftsteller arbeiten hart, aber ein Buch wird auch von der Weisheit und dem Rat anderer geformt. Manchmal braucht es andere, um zu sehen, was man alleine nicht sieht.

Dank gebührt deshalb:

Catherine und dem Team von Felicity Bryan Associates, nicht allein für ihre agentische Magie, sondern auch für klugen Rat bei früheren Entwürfen.

Lauren, Fiona und Alex bei Zephyr für unschätzbar wertvolle Beiträge, ein wunderbares Lektorat und ihren sorgfältigen Umgang mit der Geschichte.

Ich bin nicht sicher, ob man einem Ort oder einem Volk »danken« kann, aber ich bin den Amazigh und dem südlichen Marokko sehr verbunden. Ich bin oft dort gewesen – zunächst zum Surfen, erst später, bei Ausflügen in die Dörfer im Norden und Süden von Agadir, habe ich auch einige Amazigh kennengelernt und von ihrer Kultur und Geschichte erfahren. In Tanraght sind wir an einem Markttag einem uralten, zahnlosen Mann begegnet. Er rief und gestikulierte wild und untermalte seinen Vortrag mit lautem Händeklatschen und bald umringte ihn die Menge. Er war der Geschichtenerzähler. Ich habe kein Wort verstanden, aber ich habe auch so fasziniert dagesessen und ihm gebannt zugehört. Das Geschichtenerzählen ist in Marokko eine lebendige Tradition, und wie man unschwer erkennt, macht ihr Reichtum einen großen Teil von Ayas Geschichte und diesem Buch aus.

Ich möchte auch Isabella danken und unseren lieben Freunden, den Norths. Bels gefiel ein früheres Buch von mir, *Kook*, und sie wollte mich überreden, ein anderes letztes Kapitel zu schreiben. Ich habe darüber nachgedacht, aber es ging nicht. Geschichten sind, was sie sind. Aber ich habe *wirklich* daran gedacht: Was, wenn … Und daraus ist am Ende *Allein auf dem Meer* geworden.

Wie immer Dank an das Team des Bath Spa MA in Writing for Young People, an die Freunde, die ich dort gefunden habe, und die ganze Gemeinschaft, deren Teil ich bin.

Und schließlich, natürlich, meine Familie. Es heißt, mit Schriftstellern sei nicht leicht leben, wenn sie tief in einem Buch stecken, und ich bin da sicher keine Ausnahme. Also danke für eure Großzügigkeit, für Tee, Liebe und Freundlichkeit und dafür, dass ihr auf mich aufpasst. Sarah, Lamorna, Toffee-Biest, ich liebe euch alle.

Chris Vick

CHRIS VICK lebt als freier Autor und Lehrer mit seiner Familie in der Nähe von Bath/England. Seine ganze Leidenschaft gilt dem Meer, er ist begeisterte Surfer und unterstützt eine Wohltätigkeitsorganisation zum Schutz von Walen und Delfinen sowie die Initiative *Authors4oceans*. Der Roman *Allein auf dem Meer* – seine erste Veröffentlichung in deutscher Sprache – wurde in England für den CILIP Carnegie Prize nominiert.